鄭雅勻

居家開運花草布置

人文的 · 健康的 · DIY的
腳丫文化

推薦序

　　和鄭老師結緣是在「台灣妙妙妙」節目中合作，老師是一位非常專業的人士，他總是細心和耐心的教導需要幫助的人。

　　這一次探討風水的角度非常地有趣，也極具意義。因為我們在生活當中，常會忽略身邊的花草樹木帶給我們的重要性。

　　我個人也很喜歡用花草樹木來做風水上面的調整，因為花草樹木取之容易，又賞心悅目，不但有裝置藝術之效果，更有「錦上添花」的作用。

　　不過相信很多朋友都不知道說如何好好運用這些花草樹木來做風水上的加分？不用擔心，貼心的鄭老師幫大家分析，整理一套非常受用的好方法。當然，身體力行是非常重要的，有做有保佑，沒做就靠自己囉！

　　俗話說得好：一命、二運、三風水、四報公德、五讀書。我也一直深信風水的重要性，但是要相信而不是迷信，有好的風水就有好的運氣，希望大家身體力行之後，都能「心想事成」，有最幸福快樂的日子。

知名藝人

推薦序

　　與鄭老師的緣起，是我的廣播節目需要有深度的星座、塔羅、命理、風水的老師來參與。當時鄭老師在電視「台灣妙妙妙」的節目裡，讓我感覺到她表達能力強、親和力夠，所以我就先邀請老師到我家幫我看一看。的確，鄭老師在風水、命理上研究非常深，她花很多時間在我家的問題上，有樑柱有缺角的地方，老師都用最簡單方式來幫我化解。我問老師：「每個case都要用這麼多的時間嗎？」老師說：「都一樣，沒有例外，因為我怕有哪裡漏掉。」

　　鄭老師的專業與敬業真的令我非常敬佩，在聊天中我更感受到老師的道德觀與我的節目宗旨非常吻合，從此之後，鄭老師就成為我們星期六彩色人生的常客。在與聽眾call in的互動中，老師不僅會替聽眾解答問題，還不吝於分享她的所學，經過2年多合作以來，非常受到聽眾的肯定與喜愛。

　　能為鄭雅勻老師的著作寫序，是我的榮幸。我本來就是喜歡與花草共舞的人，來我家的客人常會聞到白色蝴蝶蘭及香水百合的花香，也會在化妝室發現一枝線條優美的香檳玫瑰，現在我擁有這本《鄭雅勻居家開運花草布置》，讓我更懂得如何營造浪漫、迎接財神，還可以讓全家健康平安，這是多麼的完美，真的太值得收藏。

正聲廣播公司—「午後兩點」節目製作與主持人

自序

　　最近這幾些日子以來，大家的生活都是痛苦、不快樂的，尤其失業率大幅攀升，百業蕭條，景氣低迷，裁員待業的人比比皆是，每一個人的荷包都大幅的縮水。

　　回想前幾年經濟活絡的年代，跟今日相比，不禁叫人唱嘆唏噓。常聽到朋友告訴我，我已經很努力了，為何還是被老闆裁員，還會失業？為何還是賺不到錢？我們一直都被大環境所支配著，環境是影響我們生活周遭一個很重要的關鍵。

　　包含了整個社會、國家、世界，乃至於經濟面、政治面、心理面等等，這些大環境都不是我們個人所能控制的，所以一旦大環境出了警訊，我們個人的環境也將出現問題。

　　研究命理風水多年，我深深的體會到，居住的環境好壞、光線的明亮度、通風的氣場、居家的清潔度，絕對會影響此人的心情和思考行為模式，甚至影響他的行為與做法。

　　一個好的居住環境，會帶給人們正面的能量，改變我們的心境，包括健康、事業、財運與婚姻。既然大環境我們無法掌握、克服，就可以從自己的居家環境磁場改變起吧。

　　常有人問我，改變居家陽宅真的能創造好的財運、家運嗎?真的可以改變一切嗎？就我個人多年的經驗，陽宅風水的調整，占了20％左右，而陰宅的部分也占10％，接下來就是和八字、姓名、多做善事、多讀書有關。也就是一個人生，是和先天的宿命、祖先的積德，與後天的個人修養種種有關。

　　在電視與廣播或是報章雜誌訪談時，只要提到風水，

我都會不厭其煩的講解，風水就是一門環境學，不只是居住的環境而已，是一門充分運用在食、衣、住、行中的開運學。

家裡的每一個角落，如果布置得宜，運勢自然就亨通，而每一個角落都代表風水上的不同意義，也就是所謂的方位學，我們用方向來決定方位，每一個八卦方位，所呈現的吉凶禍福，也會不一樣。

寫這本《鄭雅勻居家開運花草布置》時，我常會想起一些朋友，在他們人生低潮期時，往往會借助於開運小物。不管是身上掛的求姻緣的幸運物、家裡擺設的開運招財物，或是陽台擺的化煞法器，這些無一不是想啟求心靈的慰藉，讓好運不斷，厄運不近身。

相對的，生活中的花草樹木，又何嘗不是我們家庭的簡單布置之一。如果在不影響自己的經濟情況下，藉由盆栽的力量和磁場，不僅可以活化空間的能量，也會有好的思考與判斷力，好運就會跟著來，

最後，希望這本書能帶給讀者們在風水上有不一樣的感受和認知。

目次 CONTENTS

第一篇 居家開運好風水

何謂「風水」？風水真的能改變命運嗎？
想要事事成功、圓滿，必須結合天時、地利、人和，
而地利就是我們所謂的風水。風水可以致富，也可以使人平安。
想要開運，可藉著適當的法器或是開運植物，
幫助自己開啟更好的氣場和運勢。

第二篇 六大開運花草布置

沒姻緣、沒桃花該怎麼辦？用花草盆栽就能招來財運？
藉著有效方法來改善氣場，就能營造出一個可以致富的能量環境。
現在我們一起來檢視一下您的居家環境，
找出居家最常用的基本財位、桃花位和文曲位等，
為您招來錢財、桃花、事業、健康、子孫的好運道，
也能有效的化煞、防小人。

第一篇
居家開運好風水

何謂「風水」？風水真的能改變命運嗎？

想要事事成功、圓滿，必須結合天時、地利、人和，

而地利就是我們所謂的風水。

風水可以致富，也可以使人平安。

想要開運，可藉著適當的法器或是開運植物，

幫助自己開啟更好的氣場和運勢。

Part 1
風水是自古傳承的經驗法則

　　「風水」原是古代的「堪輿學」，是一門研究陰陽之氣在天地如何流動的學問，也是中國流傳已久的環境研究理論。對許多人來說，「風水」就像帶著神秘的面紗一樣，複雜又難懂。不論何種派別，所謂風水都是先人的智慧結晶，都是幾千年來經驗的累積，文化的承傳。

在我身邊總是有許多朋友會詢問我如何藉著改變「風水」來改善居家環境、創造財富？尤其是中國的農曆新年期間，大多數的人都想讓家裡換一個全新的氣象。其實研究風水的目的，在於設法安排一個適合人的氣場。希望藉著氣的流動，激發出一個人的潛能。

一個好的風水環境可以讓居住者平安、心靈祥和。一個不理想的居住環境，不但容易使人身體多病痛，思緒不集中，更無法獲得財富與平安。

古時候的人看「風水」，必須結合所謂的巒頭與理氣。將風水分成陽宅與陰宅，更細分為「形象派相法」與「理氣派相法」，形象派相法即所謂的巒頭，著重在看山脈秀麗挺拔、山脈走勢變化，看其河水交界及水勢走向等。形象派相法必須實際到現場了解地理環境，精準度也相對較高。

而理氣派相法則是以氣為主，也就是大家熟知的陰陽五行、易經八卦、十二天干及二十四節氣等。將所有吉凶禁忌結合，就會形成一套複雜而神秘的派別。

有人藉著風水斂財，為了自己的利益，把錯誤的觀念傳導給人們。誇大不實地說風水有無限神秘的力量，甚至危言聳聽，警告他們如果不改風水，可能一輩子沒有財運，甚至禍延子孫、家破人亡等。

有人花了大筆的金錢想要避開這些可能發生的災難，一方面也希望未來的日子更美好，但是卻沒有真正的改變成想要的好風水，反而成為他人斂財的目標。

「好風水」可以提升財運

我曾經應朋友要求前去看過一間住宅。一進門看到玄關處擺放了兩隻咬著錢幣的招財貔貅，就可以知道屋主相當渴望錢財。進入客廳後更發現他在對角線上擺了聚寶盆，家裡還放置了開運福袋、七星陣水晶、紫金洞等。牆上掛了福祿壽喜、花開富貴的畫作，陽台外面還掛上山海鎮及一對麒麟。屋主身上更是戴滿了各式各樣可以招財的法器。

屋主告訴我，只要可以求財、開運，不管是招財、擋煞還是趨吉避凶，他都願意嘗試。並且花費大量的金錢，甚至刷卡去購買，但是後來他不但沒有發財，還總是受病痛和卡費所苦。到底是物品擺錯地方了呢？還是身上戴錯了什麼東西？所以狀況才會一直不見改善。

我想提醒所有的讀者，風水固然可以幫助您招財運，但是天底下絕對沒有不勞而獲的事。並不是改變風水之後，錢財就會從天上掉下來。如果您自己不努力工作賺錢，那麼就算擺上再多的物品，也只是裝飾品而已。因此如果想要開運招財，一定要先問自己到底付出了多少努力，再藉著適當的法器或是開運植物，幫助自己開啟更好的氣場和運勢。

運用花草樹木調整出好風水

您有沒有發現只要一翻開房地產廣告，就會看到「採光良好、通風佳、有萬坪花園、有池塘、小橋流水」這些廣告詞，但是到底要具備什麼條件才算是有安全的居住環境呢？就居家環境來說，我們所追求的無非是環境風水，只要可以常常看到綠樹，就可以平定情緒。鮮花或是盆栽都能使心情開闊、平和；而流水可以讓人感覺到生生不息的生命力。

不論是現代的建築風水，還是古代的風水，都有幾個共通的通則，就是通風良好、光線充足，以及庭園的美化等。中國古代非常重視庭園風水。像是庭院建築、花草樹木、假山流水等。這些組合和佈局，都要能夠符和風水的要求。適當的擺設和設計，才能讓居住的人身心健康，事業、財運發達。

傳統風水學當中，古人早已意識到大自然的環境與居住者之間的關係，風水跟生活其實是密不可分的。風水是一門經驗法則，可以從前人的經驗中得到相對理論，只要不過度迷信，良好的風水可以達到趨吉避凶的目的。

　　大自然具有強大的生命力，天然的山川水流、花草樹木或是鳥叫蟲鳴，各種生態形成了美麗的環境。而現代人的工作壓力與經濟壓力都很大，假日時大家可以多到戶外走走，呼吸新鮮空氣，看看花草綠樹，具有放鬆和療癒力量。花草樹木可以維繫家庭和諧，取得身心靈的調和。

　　堪輿風水除了必須了解地形、方位、水流之外，更要融合建築物本身的造型、材料、色彩等。古代的風水相法相當複雜繁瑣，著重在陰陽五行的調和，也必須同時考慮很多因素。如果要運用在現代住宅的格局上，許多部分已經不符合現在的需求了。尤其是道路的改變、高架橋的增設、捷運地下化及四通八達的道路等，已經和古時的傳統風水理論差異甚大。

　　如何觀其外在環境的變化，運用在現代風水學上，創造出「陰陽和諧」的格局呢？最簡單的方法，就是可以藉著在家中種植花草樹木，找出外在環境與人之間相互的關聯和差異。從生理及心理上，找出最有利於人們身體健康與事業發展的環境景觀和科學規律，就是我們風水學上所要探討的主要課題。

Part 2
八大方位植物開運法

　　想要事業成功或是得到財富，必須結合天時、地利、人和。「天時」指的是時間，是宇宙運轉遵循的模式，時機是可遇而不可求的。而「人和」是指必須知道如何維持圓滿的人際，讓您在生活與工作中無往不利。而「地利」是指在固定不變的生存空間中，把握可以被人所掌握的部分，最主要的就是指方位風水。

風水的學說派別很多，其中玄空飛星學派中，每二十年便轉一次地運，一共有九運，循環不息，飛星的力量也會受到影響。玄空飛星又稱為九宮飛泊，也叫紫白飛星，東漢時期的張衡，改九章為九宮，分別是，一白，二黑，三碧，四綠，五黃，六白，七赤，八白，九紫。一白配坎，二黑配坤，三碧配震，四綠配巽，五黃居中，六白配乾，七赤配兌，八白配艮，九紫配離。靜則隨方而定，動則隨數而行。

充分利用「八大方位」，也就是東、西、南、北及東南、西北、西北、西南，與「二十四山」，子、癸、丑、艮、寅、甲、卯、乙、辰、巽、巳、丙、午、丁、未、坤、申、庚、酉、辛、戌、乾、亥、壬等。在不同方位上擺上適合的顏色和數字，是創造成功風水的主要關鍵。二十四個方位中，每三個方位和一個八卦方位形成一個單位，每個單位為四十五度。

於家中手持指南針，先找出東、西、南、北等八個方向，確定「八大方位」的位置。這裡討論的「八大方位」指的是後天八卦，代表各方位的基本能量，不會隨著九宮飛星而改變。妥善利用八大方位的吉祥數字和開運顏色，可以讓風水為您帶來最強勢的運氣。

●八大方位的開運數字和顏色。

居家方位

北方

讓您的事業有成、生活安定

【八卦方位】坎
【代表數字】1
【五行屬性】水
【代表顏色】黑

北方是作風低調的方位，此時太陽已經落入地平線，是一個萬物靜止的方位。就陰陽上來說，這是一個極陰的方位，也代表安靜、輕鬆和喜悅。

北方布置得宜，那麼代表居住者對任何事情都能採取穩紮穩打的態度。待人誠懇、老實，和別人之間可以彼此互相信賴，財富屬於聚沙成塔型。對自己的理想相當堅持，做事謹守本分，晚年的運勢甚佳。

此方位可以幫助家中之人皆能事業有成，生活安定美好。如果布置不好，就算擁有才能也不容易被肯定，事業亦難以有所發揮。對生活與家庭沒有責任心，作事不積極，家庭的問題會成為負擔，常常一下子要忙工作上的事，一會又要忙碌家中的問題，導致生活沒有重心，腳步混亂，精神無法集中。

開運花卉植物

幸運顏色：黑色、藍色
擺放植栽：白色兵乓菊、白色鬱金香、白色非洲董

黑色、藍色在五行中均屬水，黑色是一個極具神祕的顏色，是權威與領導能力的象徵。善用此方位者，對生活充滿理想、不畏艱難，從人群中可以輕易脫穎而出，但與他人之間比較容易有距離。

藍色象徵感性與自制力。一個成功的企業家必須穩重中帶點內斂，感性中不乏理性，與人相處必須處事圓融又有禮貌。雖然不是每一個人都可以成為老闆或是主管，但是至少自身先具備這樣的特質，所以可以好好善用此顏色。

在風水中，藍色和黑色不容易表現，因此在北方的佈局上，可以用花器顏色或是形狀來表現，白色屬金，圓形屬水，所以可以用圓形花器配上白色花卉，象徵金生水。

●乒乓菊切花。

開運花草小筆記

兵乓菊切花

觀賞期：全年皆有。瓶插壽命約1～2星期。

水分：水大約裝至容器7～8分滿。夏天最好是每天換水，冬天則2～3天換一次。

鬱金香照護

觀賞期：4月～5月。

日照：鬱金香對溫度極為敏感；把花瓣緊閉的鬱金香放在溫暖的地方，就會綻放。可將開花的鬱金香擺在涼爽而且溼度低的地方，氣溫越冷則花期越長。

水分：喜歡『夏季乾燥、冬季多水』；秋季開始到入冬，球莖會在土壤中生根，必須施予足夠的水分。

照護：栽種時以日照充足、排水良好最好。在生長期間要注意澆水，也可施薄肥，但不要過量。

非洲菫照護

觀賞期：秋、冬、春季。

日照：非洲菫喜愛間接光源，不可直曬，可以擺在窗邊。依據各品種需光性不同（葉子顏色深者需光多）及季節光線不同（夏天日照較強烈）而調整位置。

水分：約3～5天澆一次。或盆土乾燥時，充分澆水一次。非洲菫屬於多肉性植物，所以盆土不宜相當潮濕。

照護：對肥料需求很低，所以1～2週使用氮磷鉀比例1:1:1的肥料一次，稀釋2,000倍即可。春、秋可換盆，至少一年一次，因為非洲菫的根細長且淺，所以盆子不宜太大太深。每次花謝後即整理換盆一次，是維持好花常開的秘訣。

居家方位

東北

代表學習和求知的方位

【八卦方位】艮
【代表數字】8
【五行屬性】土
【代表顏色】亮黃

東北方是具有強烈變化性的方位。代表陰與陽的交界,是白天與夜晚交接的方位,也是一個具有學習與求知欲的方位。

此方位布置得宜,則居住之家人必然會自動奮發向學,主動去追求知識,求知欲很強。對自我要求相當嚴謹,做事不怕困難、越挫越勇。凡事都會向著自己的目標前進,以達到心中理想的願望。雖然人際關係趨向保守,但可以得到朋友的支持和肯定。

但是如果布置不當,則學習欲望差,態度不好。容易冒犯師長或是主管,對家人不懂得尊重和禮讓,常常欺下犯上,導致家中爭吵不斷,甚至最後家庭破裂。朋友對他不夠信任,也不易受到朋友的歡迎。工作上會經常更換,做事虎頭蛇尾,事業上很難有所成就。

開運的花卉植物

幸運顏色:**亮黃色**
擺放植栽:**向日葵、黃色百合、黃色瑪格莉特**

亮黃色是唯一可以改善這個方位運勢的顏色。除了因為亮黃色是所有色彩中最明亮的顏色之外,也因為亮黃色在五行中屬土,是屬於東北方的顏色。

孩子的學習過程中,最擔心的莫過於他讀書心不在焉,甚至找不到自己的目標。而大人們在面對未來人生的各種計畫上,也需要一個向上的動力,幫助我們在學習與知識的領域上更上一層樓。亮黃色是可消除害怕、緊張的顏色,會讓人願意更努力的改變自己。我們可以在象徵知識和教育的東北方,放置一個亮黃色器皿或是8株亮黃色花卉,可使學習能力大增。

●向日葵切花。

向日葵切花

觀賞期：全年皆有向日葵。瓶插壽命大約一個星
期左右。

水分：因為向日葵的花莖很容易爛，所以水分不
需要太多，大約容器的三分滿即可。夏天
最好每天換水。

●百合花照護請見033頁。

瑪格莉特照護

觀賞期：全年。

日照：全日照。

水分：澆水時不要直接淋在花朵上，以免發霉腐
爛。當土壤表面變得乾燥，必須施予足夠
的水分，保持土壤濕潤。

照護：在夏季時會呈現休眠狀態，在這個時候最
好將其移到陰涼處，防止老化。花謝後將
殘花剪掉，將有助於再開花。

居家方位

東方

掌管家庭運和健康運

【八卦方位】震
【代表數字】3
【五行屬性】木
【代表顏色】藍

東方是代表所有事物開始的方位。旭日東升之後，才會開始產生陽氣，可以帶給所有事物希望，也是萬物的根本，代表積極向上的心和創造能力。布置得宜，家人的身體健康狀況就會良好。每天都充滿活力面對每一件事，積極發揮自己所學，事業上也更容易成功，婚姻生活將會美滿。

如果布置得不好，家人當中會有人常為病魔所苦，容易感冒、手腳容易扭傷、筋骨也不夠活絡，或是容易失眠。

無法積極面對事情，做事情總是半途而廢。與家人之間的互動也不佳，在工作崗位上亦不受人歡迎，所以事業上難以有所成就。

開運花卉植物

幸運顏色：綠色、藍色
擺放植栽：白鶴芋、福祿桐、黛粉葉

「家」是一切事物的根本，也是家庭最重要的地方。家庭運不但關係著一個人的成長，也和他的品性好壞有關。孩子的人格養成，和家庭息息相關。家庭運關係著家庭裡的所有人，而健康更是每個人身體最根本的需求。

對家庭運來說，放上象徵萬物生長的綠色，可以讓全家人充滿活力，身心充滿強健。可以在房子的東方擺上3盆綠色的盆栽，或是放上搭配藍色花器的植物，更有加分的效果。

白鶴芋照護

觀賞期：全年開花，盛花期為4月～9月。

日照：耐低光環境，室內光照仍能開
　　　花。光度過強會造成葉色過淡、
　　　黃化、葉尖焦枯或葉片捲曲等。

水分：白鶴芋喜歡濕潤的環境，但不可
　　　過度給水；建議可於植株葉片稍
　　　微萎凋時再給水即可。

照護：萌芽力強，每年換盆時，注意修
　　　根和剪除枯萎葉片。土壤過濕或
　　　氣溫較低時，植株容易萎凋。

福祿桐照護

觀賞期：全年。夏季開小白花。

日照：全日照、半日照均能生長。

水分：喜歡高溫多濕的環境，也耐乾
　　　旱，冬季應溫暖避冬，寒流來時
　　　應減少澆水，預防寒害。只需在
　　　盆土乾燥時，一次把土壤澆濕就
　　　足夠。

照護：春天可修剪枝葉，以促進枝葉新
　　　生。屬觀葉植物，不易開花。每
　　　3～4個月可施有機肥一次。

黛粉葉照護

觀賞期：全年

日照：黛粉葉耐陰怕曬。光線過強則葉
　　　面會粗糙，葉緣和葉尖易枯焦，
　　　甚至大面積灼傷。室內種植最好
　　　是半遮陰的環境。

水分：充裕的水分能使黛粉葉生長茂
　　　盛，可向葉面噴水，維持濕潤及光
　　　澤。低溫下生長緩慢，需控制澆
　　　水，土壤表面乾燥時再澆。澆水過
　　　多，會引起落葉和莖頂潰爛。

照護：每2～3個月施用一次肥料。如植
　　　株生長較高，可留基部2～3節，
　　　剪除地上部，留下的莖節仍可萌
　　　芽發枝，保持較好株形。

●白鶴芋。

居家方位

東南

影響工作升遷和人際溝通

【八卦方位】巽
【代表數字】4
【五行屬性】木
【代表顏色】綠

　　東南方關係著家運是否興盛。這個方位太陽剛剛升起，萬物開始成長，象徵景象繁榮、前途光明，是一個具有智慧與毅力的方位。

　　此方位妥善布置，可以讓家庭成員和樂融融，增加人與人之間的互相信賴，讓精神生活更為富足，努力也可以得到相等回報。在工作上，較易得到上司的肯定和朋友的信賴，在事業上更為順遂。

　　但是如果布置得不好，那麼家人之間就會缺乏凝聚力，彼此溝通不良。會影響居住之人的社交能力，容易與朋友產生摩擦，工作上也無法得到上司的認同，財富和事業運經常從您身邊溜過。

 開運花卉植物

幸運顏色：綠色、藍色
擺放植栽：美鐵芋、銀柳、開運竹、馬拉巴栗

　　綠色是大自然萬物生長的顏色，也是具有發展性和嶄新氣象的顏色。不管是翠綠色或是灰綠色，都可以使家中的氣場穩定，放鬆情緒，讓脾氣緩和，思緒也會比較專心。

　　妥善的使用綠色植物更可以開運招財，但是要擺對位置。如果您希望讓自己的思想更開闊，能夠時時自我提升，財運穩定。或是想爭取加薪的機會，我會建議您在家中東南方擺放4盆或是4株的建議花卉。

美鐵芋 照護

觀賞期：常年。

日照：適合半日照。室內或半遮蔭皆可，需避免日光直射。

水分：需留意土壤排水度良好。春秋兩季可減為每3～5天澆水一次，冬季溫度過低時水量要更少，適度維持土壤的濕潤即可。

照護：平日栽植時需留意蠟質葉面的清潔，以利植株生長。

開運花草小筆記

銀柳 切花

觀賞期：主要產期為12月下旬至2月上旬。

水分：可以直接乾燥插植。如果想要保持新鮮，可加入約5cm高的水即可，水線太高則容易長根，會不好看。

開運竹 照護

觀賞期：常年。

水分：開運竹為水栽植物，保持花器裡的水約1/4花器高度即可。每半個月倒掉一半水，不宜全部更換。加水時，要避免頂端切頭碰到水，易導致細菌感染。夏天可每周更換一次。大約1～2個月，以稀釋藥用酒精加入水中，具有殺菌效果。

馬拉巴栗 照護

觀賞期：常年。

日照：馬拉巴栗喜歡陽光，也很耐蔭。放置於室內長期不曬陽光也能生長，但是如果室內的馬拉巴栗綠葉變黃，或開始掉葉，就必須暫時搬到室外曬一下太陽。

水分：種在室外容易受日晒風吹而乾燥。夏季需每2～3天澆一次水；冬天則是一星期澆一次就可。而放置於室內的盆栽，因為水分蒸發慢，澆太多水容易把根泡爛。

照護：生性強健、無特殊病蟲害。盆栽要常加以修剪整枝。

居家方位

南方

幫助您獲得聲望和名譽

【八卦方位】離
【代表數字】9
【五行屬性】火
【代表顏色】紅

有些人在工作職場上努力了一輩子，卻一直得不到肯定，更別說是升遷或是加薪了。這時候您可以檢查一下居家的南方，這個方位就像是陽光，充滿了熱情，此處陽氣旺盛，可以讓所有的事情順利發展。

南方也代表信心與勇氣、聲望與名譽，還有分析力、判斷力等。此方位布置適當，不但可以讓屋主身體健康狀況較好，人緣較佳，而且也會具有積極進取的勇氣。讓您遇到困難時，可以信心滿滿的去面對，財富與社會地位也可以相對提高。

但是如果布置不當，那麼家人彼此之間比較容易發生爭執，家庭缺乏和諧。行事容易衝動，常會在不知不覺中得罪他人，引來財務糾紛或是官司訴訟。也容易得到慢性疾病。

 開運的花卉植物

幸運顏色：紅色、紫色
擺放植栽：紫色睡蓮、紅色玫瑰花、石榴、紫色風信子

南方代表顏色是紅色和紫色，紅色代表熱情，是最具生命力的顏色，可加強家人的韌性與毅力。紅色也是中國人節氣慶典的主要顏色，可以讓人感到煥然一新。

在南方多使用紅色和紫色來布置，可以消除不好的運氣，提升人際關係，讓生活更融洽，加強居住者自信心，在工作上可以得到肯定。如果是業務人員或公眾人物，想讓自己名聲遠播，除了檢查一下南方的環境是否清潔之外，也可在此擺放9盆或9株紅色植物。

●睡蓮切花。

開運花草小筆記

睡蓮切花

觀賞期：6～8月為盛產期。大約4～5天的瓶插壽命。

水分：買回來插瓶之前，先把花莖倒過來灌滿水，再插回瓶裡，不要讓花莖裡的水流失，也可以把花莖剪短，延長觀賞期。另外，瓶插的水要深，因為睡蓮花莖吸水性不佳，利用深水的壓力讓水進到莖裡。

風信子照護

觀賞期：12月～4月。

日照：日照需良好。

水分：初期生長時需要大量水分，所以要注意水分的供應。開花後就可以減少澆水。

照護：不需添加肥料，只需選擇花球較肥滿者便可。或者在開花前、後各施肥一次。

玫瑰照護

觀賞期：全年。

日照：喜歡涼爽且光照充足的環境，每天至少要有6小時以上的日照，才能開出品質佳的花朵。

水分：玫瑰生長初期可每2天澆水一次，開花前後當盆土乾燥時再澆即可。

照護：玫瑰喜好富含有機質之砂質壤土。

石榴照護

觀賞期：全年。

日照：全日照。

水分：耐旱但不耐浸漬，苗期及冬季時盆土乾燥時再澆即可；夏季只要每日澆水一次。不過梅雨季節時要特別注意，不要讓盆土積水，以免根部腐爛。

照護：石榴喜肥，以有機肥料為佳，可以使用骨粉或氮肥等，立春過後至秋分為止，每月施肥一次即可。開花期要停止施肥，以免落花，可修剪枝葉，集中植株養分。

居家方位

西南

影響居住者的婚姻和愛情

【八卦方位】坤
【代表數字】2
【五行屬性】土
【代表顏色】黃

西南方是萬物皆處在成熟狀態的方位。此方位興旺則代表屋主可以妥善處理自己的感情。此方位比南方更有朝氣，行事作風也更積極。

西南方屬於需求和欲望的方位，讓居住者能夠包容、順從與禮讓。布置得宜，那麼夫妻感情和諧，家中井然有序、生活舒適，則家運自然昌隆，夫妻彼此相互信賴與支持。

此方位如果布置不當，那麼夫妻溝通容易出現問題，彼此爭執不斷。難以互相信任，感情由濃變薄。未婚者的姻緣將會來得慢，不擅長處理感情的問題。容易對現狀不滿足，經常抱怨、愛挑剔，做事容易半途而廢，沒有原則。遇到困難容易退縮，人際關係不佳。甚至會暴飲暴食，導致消化器官不健康。

開運花卉植物

幸運顏色：黃色、米色
擺放植栽：黃色蝴蝶蘭、黃色香水百合、黃色玫瑰花、乒乓菊切花

米色和黃色都是安定的顏色，會讓人懂得凡事包容、體諒對方。黃色是色彩當中最明亮的顏色，它可以讓計畫順利完成。也可以消除人與人之間的緊張，拉近雙方的距離。

家中夫妻之間如果出現了問題，例如發生經濟困難，或是婚姻出現了第三者，就要特別注意居家西南方的擺設，此方位影響婚姻的安定。布置上以安定的是米色為主，黃色為輔。我建議您在居家西南方，擺上2盆或2株黃色鮮花，那麼夫妻之間將可以無話不談、感情和睦。

開運花草小筆記

蝴蝶蘭照護

觀賞期：11月～5月。

日照：通風良好，窗邊有陽光可斜照者最好。可在盆邊在擺一杯清水以維持室內空氣濕潤。

水分：用噴霧器輕噴於栽植水草上，不要直接噴於花上。冬天可每10～15天噴一次，保持水草上面微濕即可。夏天則約3～5天一次。

照護：開花期必須減少澆水，放於通風良好處。

蝴蝶蘭切花

觀賞期：全年皆有，瓶插壽命約7～10天左右。

水分：大約加五分滿即可。大約2～3天換一次水。

香水百合照護

觀賞期：4月～7月。

日照：最適合日照充足但略帶蔭蔽的環境。

水分：土壤濕潤即可，過於潮濕、積水或排水不良，都會使鱗莖腐爛死亡。澆水時可用噴灑，以免根部浸水太久缺氧。夏季中午可在葉面噴水2～3次以降溫。

照護：喜歡涼爽潮濕，忌乾旱、酷暑，耐寒性稍差。喜肥沃、腐殖質多及排水良好之微酸性土壤，最忌硬粘土。

●玫瑰照護請見027頁。
●乒乓菊切花請見019頁。

●蝴蝶蘭切花。

西方

影響子女發展的方位

【八卦方位】兌
【代表數字】7
【五行屬性】金
【代表顏色】金

太陽西下，代表所有事情完成後，準備進入休息的位置，此時陽氣逐漸轉弱（陰）。所以西方代表安定、富足，事業有所成就等。

如果您希望家庭和事業皆有所成，希望子女聽話，就可以在這方位上多加布置。布置得宜甚至連孩子的胃口都會較好，身體健康、不容易生病。人際關係上也能更好，成為老師眼中的好學生，同學的好朋友。也會較聽從父母的建議，走向正確的人生道路。

但是如果布置不當，孩子則容易瘦骨如柴，腸胃與呼吸道不佳。孩子做事喜歡投機取巧，甚至因此而交到不好的朋友，惹來官司。就算人際關係不錯，但是交往的朋友都以玩樂為主，沒有知心的好友。子孫經濟難以維持，生活不穩定，常常需要向父母伸手要錢，常讓父母擔心。

開運花卉植物

幸運顏色：金色、白色
擺放植栽：滿天星、白色百合、白色風信子

圓滿的人生中，除了必須家庭和樂、身體健康、事業有成之外，最讓人關心的還是後代子女的發展。在方位上對後代最具影響力的就是西方，代表顏色是金色與白色。

白色往往讓人聯想到天真無邪，所以子女會聽從家中長輩的規勸，朝著長輩的意見加以努力。如果希望未來子女可以有更好的發展，可以多在西方使用白色花卉，金色、方形器皿來布置。

開運花草小筆記

滿天星切花

觀賞期：全年皆有滿天星。瓶插壽命依品種不同有所不同，
　　　　　大約5～10天不等。

水分：水分約五分滿即可，約1～2天換一次水就可以了。

●風信子照護請見027頁。
●百合花照護請見033頁。

居家方位

西北

影響人際關係和貴人運

【八卦方位】乾
【代表數字】6
【五行屬性】金
【代表顏色】白

西北方是屬於朋友的方位。會讓您這一生當中,都少不了好友與貴人扶持,遇到問題時都可以迎刃而解。西北方代表事務已完成,準備收藏的方位。代表太陽尚未西沉,陽氣充足,同時也代表一個人努力成果與儲蓄多寡,是一個有主見的好方位。

此方位布置得宜,那麼居住在家庭中的成員就會具有才能、熱心公益。在工作上自然能成為領導者,提升他的社會地位,生活安逸、平穩。但是如果布置不當,則居住在其中的人就會對別人具有防禦心,很難找到真誠的朋友。做事不切實際,喜歡投機取巧,造成工作不順。也容易有身體健康狀況不佳的問題。

開運花卉植物

幸運顏色:金色、白色
擺放植栽:白色百合花、白色鬱金香、白色梔子花、水仙花

西北方的幸運色是白色與金色。金色代表金碧輝煌,是具有目標與理想的顏色,象徵自負和驕傲,讓人具有表現自己的信心,又有凡事不拘小節的特點,不但在群體中能成為領導者,同時也具有強烈的說服力。

白色代表純潔與天真無邪,不與人無謂的競爭。如果想在生活中得到更多朋友的鼓勵與支持,或是加強您的人際關係,避免被小人所陷害,可以好好的加強這個方位的能量。建議您在西北方放置6株白色或金色花卉。

百合照護

觀賞期：4月～7月。

日照：除香水百合喜歡半日照外，其他品種多喜歡充分日照，但根部附近還是需要適當遮光保護。

水分：土壤表面乾燥時，必須澆水以保持土壤濕潤。

照護：百合的生育不但緩慢，而且時間很長，所以施肥以有機肥料為主。子球在開花時會逐漸肥大，可除部分花蕾，避免養分競爭，促進鱗莖肥大。

鬱金香切花

觀賞期：12月～4月是花期。瓶插壽命約5～7天。

水分：約加容器四分滿的水即可，最好每天換水。

栀子花照護

觀賞期：4月～6月。

日照：夏天需用半日照，其他季節最好是全日照，特別是春季，日照不足則開花數量少而且小。

水分：栀子花的葉片缺水時會下垂，所以看到有點垂的時候就需澆水，澆水一次澆透底，土乾再澆。

照護：栀子花最好每年換盆，稍微修根後換用較大的花盆，每個月加一次長效肥（視肥料效期，有些是三個月施肥一次）。

水仙花照護

觀賞期：12月～4月。

日照：需充分日照，可放在屋外使其開花，再置於室內陰涼處，讓花期更持久。

水分：水分適量即可，以防鱗莖腐爛。

照護：葉片展開時，每半個月施追肥一次。春分與清明之間追加磷鉀肥一次，以促進鱗莖肥大，還可增強植株的抗寒力。性喜低溫，耐寒性強，高溫下葉片容易變黃，球根瘦小。

Part 3
對的植物帶來好風水

　　自古以來中國人就非常重視庭園的美化和風水。尤其是傳統風水學，對於住宅附近的樹木種類、種植的方位相當有研究。只要庭園樹木生意盎然，家中必定人丁興旺、家運亨通。

　　其實不僅外在庭園風水很重要，室內植物的擺放，也都跟風水息息相關。

　　很多人都會問我，為什麼中國人這麼重視風水？其實風水最根本的目的，在於加強人類和大自然的聯繫。植物所具備生生不息的自然特性，除了可以使氣在靜止的情形之下變得活絡之外，也可以使波動較大的氣場得到平衡。

花草植物與風水的關係

植物是最實用的心靈治療方式之一。不管在任何的地方，栩栩如生的花草，呈現的顏色、氣味，都可以帶給人視覺與嗅覺不同的感官享受，讓人身心愉悅、平衡。

植物行光合作用時，會吸收大量的二氧化碳、吐出氧氣，可以淨化空氣的品質。植物所散發出來的天然花香，也具有不同的能量。

科學研究發達的今日，更有許多關於植物治療的相關研究，經科學實驗證明，花草樹木每天接受陽光雨露的滋養，讓陰陽兩氣調和，可以散發出自然的能量。花卉植物和人可以產生互動，改變人體的氣場，也同時改變周圍環境的氣氛。這些植物所散發出來的芬多精，可都是相當珍貴的。

在陽宅風水上我們常說到「開運化煞」，也就是在不好的位置上，擺放法器來擋煞。或是在財位上擺放聚寶盆來招財。但是一般人都不清楚，不管是化煞或是招財的物品，大部分都是沒有生命的，擺放在同一個位置過久，可能就失去原有的效果，必須適時的更換。如果我們可以妥善運用與大自然最接近的花草樹木，不但具有美化空間的效果，也能達到開運的目的。

既然想要運用植物花卉風水來開運招財，就要先了解風水最基本的原理，和陰陽五行的思想學說，否則陰陽不能協調。但是到底何者為陰，何者為陽？陰陽要如何調整呢？從下面表格中就可以大略看出不同物品的陰陽屬性。

●向日葵。

●陰陽不同的屬性歸類

陽	陰
天，太陽	地，月亮
男人，丈夫	女人，妻子
金屬花瓶	花草樹木
新的物品	擺放太久不用的東西
四角形	圓形
動物	靜止的物品

　　除非必要，否則我不會建議大家大刀闊斧的去改變居家的擺設和裝潢。植物釋放出的氣可以運用於五行與陰陽之中，利用五行相生的原理，達到磁場的平衡。

　　由上述的圖表得知，就陰陽學來說，花草樹木雖然總歸類屬陰，但是植物因其本身不同的形態和顏色其實尚有陰陽之分。要特別注意「植物是有生命力的，是可以改變的」。例如在晦暗不明的角落裡，擺上一盆鮮花，就可以使陽氣提升，平衡陰氣。

●不同五行植物的建議擺放方位

五行屬性	方位	植物的顏色	植物的種類	花器材質	花器形狀
木	東	綠色● 藍色●	福祿桐 白鶴芋	木器	長方形■ 圓形●
木	東南	綠色● 藍色●	金錢樹 馬拉巴栗	木器	長方形■ 圓形●
火	南	紅色● 紫色●	玫瑰 睡蓮	塑酯	三角形▲
土	東北	黃色● 橘色●	菊花 向日葵	陶製	正方形■ 三角形▲
土	西南	黃色 米色	百合 蝴蝶蘭	陶製	正方形■ 三角形▲
金	西北	白色○	百合 水仙	金屬	方中帶圓
金	西	白色○	風信子 滿天星	金屬	方中帶圓
水	北	藍色● 黑色●	鬱金香 乒乓菊	玻璃	圓形●

陽宅中適合擺放的植物

●鳳梨花。

不同盛開鮮豔色彩的花卉，各代表著不同的運勢，例如：玫瑰代表得到愛與純潔，火鶴代表想要心情開朗，這些花卉開運的部份在第二篇中會慢慢加以解說。

花卉植物所產生的花香，可以形成風水中的「氣」。健康茂盛的植物可以將生生不息的能量帶回家中。通常應用風水的植物分為兩大類，一種是「生旺植物」，也就是可以帶來興旺的運勢的植物，像是大葉、圓葉等類型的盆栽，可以開運、招財。另一種是「化煞植物」，化解煞氣之用。下面我們就來討論植物的選購上，應該注意什麼要點，才能為風水加分呢？

Point 1 選擇生旺植物的重點

現在人的生活腳步總是匆忙又緊張，大家都需要一個小小的角落釋放壓力，所以家裡要能讓人感到放鬆和自在，讓疲憊的心得到適度的休息。

美好的居家風水，不是只靠一般的法器可以辦到的。也不一定要有豪華而貴重的家具，或其他外在物質的享受。我們要把家裡的空間，打造出美滿、幸福，充滿希望的居家風水。

在盆栽的居家布置上，下面9項生旺植物的選擇重點，是特別需要注意的。

（1）植物葉子的形狀，不宜太尖銳，因為陽宅風水上，任何尖角或直角的植物，或是帶刺的植物都容易產生毒素與煞氣。植物葉子的形狀要圓，葉莖多枝，葉子要厚，莖部要高大粗狀等。或是選擇香氣清香、花形圓滿的花草，就是帶有吸引正面能量的風水植物。

（2）葉子下垂的植物，例如柳樹等，下垂的樣貌會讓運勢走下，所以不宜種植。

（3）爬藤類的植物如牽牛花等，爬藤主官非；如果根莖太茂盛，又沒有經常修剪，易使居住者有口舌是非之困擾。

（4）蕨類植物因為喜歡高溫多濕的環境，僅需要少許日光，所以一般來說不適合放在室內種植。如果蕨類生長茂

●九重葛枝條上有尖刺，容易產生煞氣，不宜種在室內。

盛，則代表此居家過於潮濕，對健康不佳。

（5）杜鵑屬於陰性植物，而杜鵑帶有紅色斑點，中國人尤其有「杜鵑泣血」的忌諱。不宜種植在室內。

（6）蘇鐵葉子的形狀又細又尖，易有口舌之非，也不宜種植在室內。

（7）植物具有生命能量，如果枯死則代表此居家環境不佳，必須確認環境的水分、陽光等是否良好，將植物馬上移除。如果是植物的花葉枯黃，就要馬上修剪，枯黃的植物會帶來失敗。

（8）家裡的水應該是流動的，五行當中植物屬「木」，「水」為「財」，而水能生木，因此切花具有「財為用」之意，所以如果是用切花植物，就必須記得勤換水，「以財營財，財源才會生生不息」。

（9）室內不可以擺放沒有生氣的乾燥花，或是假樹等，人造的樹木花卉不但不具開運效果，還會帶來虛情假意。任何擺放在屋內的植物都必須具有生命力，才有助旺化煞的功能。

Point 2　生旺植物的選擇必須因地制宜

　　一個良好的居間環境，必須具備通風好、採光好、空氣流通的要件。選擇適合的生旺植物，也要注意室內的空間大小和採光是否適合植物生長，才能讓植物長的青翠蓬勃，活絡家中氣場。

　　生旺植物的形狀、高矮以及室內空間等等，而擺放在室外還是室外也各有其布置重點，都是我們要特別注意的。

室外生旺植物的選擇

　　第一選擇：最好是放高度約120～150cm的大型盆栽。可以

選擇馬拉巴栗（又稱發財樹），它的幹莖粗壯，樹葉長而翠綠，耐種且容易生長，是充滿朝氣的植物。或是巴西鐵樹，又名龍血樹，這種樹的葉子長，中間有黃條紋，也是生旺植物之一。

　　第二選擇：如果無法選用那麼高的大盆栽，可以選高度約60～90cm的中型盆栽。像是大葉萬年青（又稱大王萬年青）或是綠帝王等，樹葉肥厚之植栽。綠帝王葉子伸展開來，就像是一隻隻肥厚的手掌伸開，顏色鮮綠，可對外納氣納財，而其幹莖粗壯，具有蓬勃的氣勢。印度橡膠樹的樹幹筆直挺拔，葉片厚有光澤，繁殖力強而且易種植，戶外室內均可種植，也相當適合。

開運花草小筆記

●馬拉巴栗。

●馬拉巴栗照護請見025頁。

●綠帝王。

綠帝王照護

觀賞期：全年。

日照：喜歡散射光線，忌陽光直射。

水分：喜歡溫暖濕潤的環境。4月～10月為生長期間，應給予充足的水分，讓盆土濕潤。常在葉面噴水，保持空氣濕度。但冬季氣溫低，應減少澆水量。

照護：生長適溫約20～30℃，冬天約10℃。種植時可加少量的腐熟有機肥當作基肥。

室內生旺植物的選擇

第一選擇：可用高度約60～90cm的中型盆栽，例如具有波浪狀長葉片的山蘇，它的色澤油亮鮮綠，可以營造出溫暖的空間。白鶴芋因為具有寬大的葉面，可以給人生氣蓬勃的感覺。別名為美鐵芋的金錢樹，因為葉子厚實圓潤，可以長時間維持亮澤旺盛的外型，更象徵欣欣向榮的生氣。這些都是室內生旺植物的最佳選擇。

第二選擇：如果真的有空間限制，我建議大家也可選擇高度約10～60cm的小型盆栽。像是翡翠寶石，翡翠寶石的葉片呈現光亮的皮革質感，心型葉片呈現放射狀排列，型態美麗大方，象徵著蓬勃的朝氣和生命力。

綠寶石又稱為栗豆樹，除了福氣的好名子之外，也適合擺放在室內。石蓮花因為具有旺盛的生命力，花型更具層次感，也可以招福納財。

也有人會選用滴水觀音，因為水為財，而滴水即代表會有財入。我建議也可以用氣質高雅的蘭花，不但是賞心悅目，如果種植良好，代表該屋內的氣場很旺，對屋主和家人運勢都有幫助。

此外，因為中國人凡事講求吉利，講求諧音和象徵性，所以年節選用的盆栽顏色、花卉的形狀等，都會跟吉祥話有關，例如庭園的風水樹中，竹子代表平安，取其「竹報平安」之意。

桂花的「貴」字，是祈求會有貴人幫忙。鳳梨花是旺來的諧音，則代表好運不斷。

桂花有助於文昌的提升，具有發富貴之意。芙蓉花則有求夫榮耀的意涵等等。牡丹花的色澤鮮豔奪目，型態雍容華貴，所以又被稱為富貴花，也是富貴的象徵。這些花卉都是生旺植物的代表性盆栽。

●蝴蝶蘭。

●山蘇。

山蘇照護

觀賞期：全年。

日照：半日照，喜歡高溫陰濕的環境，忌強光直射。

水分：空氣濕度越高，生長越好，所以夏季可每天澆二次，冬天則減為一次。

照護：山蘇花對化學肥料較敏感，濃度不可過高，3～4個月施用一次即可。

翡翠寶石照護

觀賞期：全年。

日照：半日照，耐陰性佳。

水分：土壤表面略乾的時候就需要澆水。

照護：以富含有機植之砂質壤土或腐植質壤土為佳。每2個月施用稀薄三要素肥或有機肥一次。

翡翠寶石。

牡丹花照護

觀賞期：4月～5月。

日照：牡丹喜歡太陽，但不喜歡直曬。盆栽應置於陽光充足的陽台。

水分：牡丹怕長期積水，平時澆水不宜多，要適當偏乾。適合在疏鬆、肥沃及排水良好的砂質土壤中生長。

照護：栽培牡丹基肥一定要充足。可用堆肥、餅肥或糞肥。通常以一年施三次肥最好。

桂花照護

觀賞期：全年可開花。秋天是盛開季節。

日照：喜歡陽光充足，排水良好的環境。

水分：土壤表面乾了之後再澆水，夏天可澆早晚兩次，冬天澆一次即可。

照護：桂花春天發芽後可每10天施一次液肥。7月份以後施用稀薄的肥水加入0.5%的過磷酸鈣，促進發芽分化。9月初可施以磷肥為主的液肥，施肥適量則桂花就會生長茂盛，開花多、味香。

●牡丹。

●桂花。

化煞植物的選擇

一般來說，風水上的生旺植物最好選葉子越肥厚，色澤度越鮮豔，越高大而粗壯者最佳。但是化煞植物必須選幹莖或是花葉帶有刺，因為刺棘給人尖銳感，讓人心存顧慮，退避三舍，在風水上具有化煞的作用。

化煞植物適宜擺放在室外，但是卻不宜多種，最好選擇約10～60cm的小型盆栽較為合適。下面我舉幾個常用的植物來說明。

龍骨

龍骨又稱為霸王鞭，其植物外型獨特，它的樹幹和枝莖根根分明，而且筆直向上生展，好像是一條條直立的脊椎骨，是風水上化煞植物的代表。

仙人掌

屬於熱帶性植物，莖部粗厚多肉，佈滿茸毛或是針刺，將大型的仙人掌放在陽台，具有化煞、防小人的效果。

龍舌蘭

龍舌蘭的葉片厚實飽滿，葉圓上還帶有尖刺，也是常用的化煞植物之一。

玫瑰

玫瑰莖幹上多刺，也具有化煞功能，不只居家可擋煞，一般店面也可以用來阻擋門外的煞氣。

●玫瑰。

桃花樹

桃樹具有驅鬼降魔的作用，和古代桃符具有相同意義。不過植栽上不容易找到桃花樹，可以使用莖或是根較粗的植物代替，像是大葉萬年青等。切忌不要選擇外型過於兇猛或是有刺的植物。

開運花草小筆記

龍骨照護

觀賞期：全年。

日照：喜歡生長在陽光普照、排水良好的戶外。

水分：在生長期間，應每隔1～2週在早上或傍晚澆水一次，讓盆土徹底濕透。

照護：龍骨草又稱霸王鞭，是多肉類植物，肥料可添加在土壤中，大多以富含鉀和磷肥及少量氮肥為宜。略鹼性的砂質土壤最佳。

仙人掌照護

觀賞期：全年。

日照：大部分仙人掌都非常喜歡生長在陽光普照的戶外，大部分的品種都能適應強烈的陽光直射及高溫。但是也有一些較纖弱的品種，像是孔雀仙人掌等，只需要半遮陰的環境即可。

水分：每隔1～2週澆水一次，讓盆土徹底濕透。切勿在烈日當空下澆水，否則會影響仙人掌正常的發育。

照護：肥料可添加在土壤中，大多以富含鉀和磷肥及少量氮肥為宜。而鈣能使仙人掌的刺長得健康有力，也是仙人掌肥料中不可或缺的成分。仙人掌喜歡排水良好、疏鬆的土壤，以略鹼性的砂質土壤最佳。

龍舌蘭照護

觀賞期：全年。

日照：半日照或是全日照均可。

水分：耐高溫乾旱，大約1～2天澆一次水。

照護：喜歡溫暖的環境。龍舌蘭喜愛肥沃、排水性良好的土壤，可每2個月施一次肥，冬季不用施肥。

大葉萬年青照護

觀賞期：全年。

日照：避免陽光直曬，宜放置於半日陰處。可種植於吊盆、蛇木柱或一般盆器上、陽台及室內光線充足處。

水分：不需要每天澆水，春、秋季節只要保持土壤潮濕即可，冬季澆水次數減少以保持乾燥。夏季則需經常留意水份之補充，並偶爾沖洗葉片去除灰塵、提供濕度。

照護：在室內每3個月要施一次肥，除非光線不足，否則不要經常移動，以免植物適應不良。

●玫瑰照護請見027頁。

●龍骨。

●龍舌蘭。

●大葉萬年青。

風水植栽使用上的禁忌

在盆栽的風水擺設上，也有一些特別必須注意的禁忌。下面我想就針對重點部分說明，免得我們原先種植植物的良好立意，結果卻帶來相反效果，那可就得不償失了。

1. 來路不明的花草不可隨意種植

很多人看到路邊別人丟棄的盆栽就撿回家栽種，事實上植物是有生命和靈魂的，除非是認識的朋友贈與的盆栽，否則不要自行撿別人丟棄的植物回家種植。我就曾經看過一個例子，屋主因為撿了別人丟掉的小樹回家種，結果有好長一陣子家庭都不安寧呢。

2. 植物的高度一定要適當

室內植物的高度一定要剛好，不可以過高。如果超過天花板，會導致屋主或是家人頭痛、精神耗弱等。所以購買前就要問清楚，也要記得定期修剪。

3. 植栽要勤加照護其健康

生病的植物一定要加以治療，不可以任其腐壞，否則會影響家中之人的身體健康。如果室內外的植物樹葉枯黃或幹莖受傷，必須馬上修剪，風水學上認為這樣會帶來不好的運勢。如果您已經勤於照顧，植物仍然生病或枯死，則代表這地方不適宜放置植物。

4. 土壤中的昆蟲不可過多

如果土裡含有大量的螞蟻、毛蟲、蚯蚓等昆蟲，表示土裡含有大量細菌，對健康會有不良影響，最好馬上更換土壤。

5. 有刺的植物要適量擺放

雖然有刺的植物可以防小人，但是也不宜多放。除了安全上的考量之外，風水學上認為多刺植物，會讓人在生活上不懂得圓融處世，說話和做事上都會較為尖銳。

●仙人掌。

6. 柳樹屬陰，不宜居家種植

柳樹在風水上屬陰，會帶給人陰涼抑鬱的感受，會讓家中陽氣減弱，所以也不宜栽種在居家內外造景。

7. 植物的栽種距離不可過於密集

如果家中有花園或是庭園造景，記得植物的栽種上不可過分密集，保持通風性。必須常常修剪，過於茂盛的生長反而會使空氣不流通，有陰森之感。

8. 根莖過粗的植物也不宜居家栽種

栽種在庭院的植物要特別小心，根莖不宜紮的太多太深。會破壞房子的地基的植物，在陽宅風水皆屬於招陰植物，不適合種植。

9. 臥室內最好不要擺放盆栽

許多人都會在臥室內種花草植物，其實臥室內不宜栽種任何盆栽。植物行光合作用時，會讓臥室內的氧氣較為稀薄，如果氧氣不夠，就會讓人精神狀況不好。

人在睡眠時，體溫會降低，陽氣比較弱，而室內植物陰氣比較強，反而對身體不好。可以選擇擺放切花來布置。

10. 不適合室內種植的植物

我相信大家都或多或少聽過一些傳言，像是屋內不要種植物、竹子招陰⋯⋯等。其實雖然綠色植物有益身體和心靈健康，確實有一些禁忌和不適合種在屋內的種類。

（1）九重葛容易招引蛇，尤其是眼鏡蛇，最喜歡棲息在九重葛根部，如果陽宅風水房屋有蛇出沒，則象徵著家運不吉，所以不要栽種九重葛較佳。

（2）木瓜樹也不宜種在庭院中。因為木瓜樹會生乳膠，這樣家人容易得皮膚病。而且木瓜樹葉容易腐爛生蟲，對環境和家庭運勢都不好。

●臥室內最好用切花布置。

●長春藤要經常修剪。

（3）桑樹，讓人聯想到「喪」，古人說：「前不種桑，後不栽柳」，這是民俗上比較忌諱的。其實這是諧音所引發的聯想，也有人說，前門若種桑，叫望門桑（喪），家中過門的媳婦會和女婿相剋，因此不宜栽種。

（4）不要栽種杜鵑花，這是風水各大派別當中共同的禁忌，尤其是家中如果有人生病，更不可以種植杜鵑花。事實上杜鵑是屬於陰氣較重的植物，擺上一盆杜鵑就如同將煞氣搬進屋內，不可不慎。

（5）庭院不宜種芭蕉樹，如果屋內或是庭院有芭蕉樹，容易引起家中婦女有血光之災。

（6）室內如果擺放太多陰氣重的植物，而又長得很好，代表這個環境非常適合它，反之對人體就容易造成傷害。風水民俗上認為，陰氣太重而且擺放太多的植物，容易招來鬼魅。所謂陰氣重的植物，就是完全不需要陽光空氣，像藤蔓類的植物，就不宜栽種。不過小型植物長春藤則可以種植，但是要記得時常修剪。

（7）榕樹也不適合當居家盆栽。民俗上認為有土地公的地方，都會有榕樹出現，因為土地公是福德正神，四周容

●九重葛象徵家運不佳。

●有刺的植物要適量擺放，如玫瑰。

●百萬星和柳樹都屬於陰性植物，不適合種在室內。

易有孤魂野鬼，因此榕樹也容易引來鬼魂。榕樹容易長的高大，如果根莖穿透地基，容易讓地基不穩，風水上認為，樹根穿透房屋就容易引來官司、訴訟等麻煩。

風水上強調，有形就有煞，更何況是具有生命力的植物，它跟家中風水可是有著密不可分的關係喔。如果家中有外型歪斜的植物，而且生命力不旺盛的話，小盆的植物可以直接丟棄，但是大型植物則不能隨意砍伐，必須用打針的方式讓它枯死，再加以移除。

不過還是有一些我們時有所聞的古老傳說，是不具科學理論的。舉例來說，像是種植會結紅色果實的植物，則此家中主人身旁容易有第三者。如果在西方種植白花的樹木，主人會不想回家。醫生的院子種竹子，此人會變庸醫。竹子容易招來鬼魂……等等。許多都是沒有根據的，不必過份理會。

除舊佈新的新年開運植栽

●報歲蘭。

中國人很重視新年，每當新春來臨之際，家家戶戶就會為了除舊佈新而忙碌。除了將全家上下打掃一番，希望將過去的晦氣掃光之外，更祈求新的一年家中能迎春納福來。

根據民間的習俗，過年家家戶戶都會在大門外懸掛桃符，但是現在桃符早已不流行了。可以在庭院用桃花樹來代替，但是必須注意，桃樹需要三年以上才具有避邪去穢的功能。如果找不到桃樹，可以選用莖和根較為粗壯的植物。

新年最適合的招福花卉植物

迎福納氣是過年的重頭戲，免不了要將家裡布置一番，可是敲敲打打的裝潢又太過麻煩。我建議可以擺放招福的植物，像是放在玄關、客廳的一角等，最具代表性的植物有以下十種：

（1）**銀柳**：過年的開運植物最常見的就是銀柳，銀柳象徵家中之人有銀子、樓房等。現在有很多商人會把銀柳枝條噴上金色或是紅色等顏色，擺在家中更有喜氣。

（2）**仙客來**：因為其名稱相當有趣，紅色的花型也相當圓滿鮮豔，可以為家中帶來幸福。

（3）**鬱金香**：有開門遇金的含意，是球莖類植物中相當常見的新年花卉，運用切花或是盆栽都可以。

（4）**萬兩金**：象徵家中多財多福，可以獲得萬兩黃金之意。

（5）**萬壽菊**：長壽的代表，花朵盛開時，幾乎看不到綠葉，所以也有滿盆金及福祿滿門之意。最常見的有黃色或是白色切花，以及芳香萬壽菊盆栽等。

（6）**佛手芋**：也象徵「隨風招感，財運心至」。佛手芋葉形很漂亮，纖細而翠綠，也是家中常用的開運植栽花卉。

（7）**荷包花**：最適合過年期間用來當贈禮送人，取其送人荷包（財神）之意，而且其花形飽滿可愛，相當討喜。

（8）**報歲蘭**：有些人不喜歡在家中擺蘭花，因為其諧音「難發」。但是如果用報歲蘭，就沒有影響。報歲蘭屬於觀葉植物，葉形細長柔美，可以讓心情平和安定。

●仙客來。

●佛手芋。

仙客來 照護

觀賞期：春、秋、冬季。

日照：不耐高溫，喜歡冷涼的環境，不可直曬陽光。

水分：土壤乾再澆水。

照護：27℃就會熱休眠，夏天其花和葉會萎縮，可以不再給水，秋冬補充水分後會再發葉。除基肥外，生長期間宜每月施用一次腐熟有機肥或豆餅水，少量即可；追肥通常在花謝萌葉後，才開始施用，一直到進入休眠期時，就可以停止施肥以及澆水。

萬兩金 照護

觀賞期：花期和結果期各二次，花期為5月～6月與10月～11月，結果期為9～10月與1月～2月。

日照：耐陰植物，喜歡濕涼的環境，半日照最佳。

水分：一天澆水1～2次，土壤需保持濕潤。

照護：冬、春季施肥可2～3次。結果後可修剪整枝，盆栽每3年需換土一次。喜歡冷涼、濕潤之地。每2個月施用一次三要素肥或磷鉀肥以促進開花、結果實。

芳香萬壽菊 照護

觀賞期：全年春、秋、冬季可開花。

日照：開花前可用半日照，開花後喜歡陽光，適合全日照栽培。

水分：每2～3天澆水一次。

照護：屬香草類植物，相當容易栽培。葉片清香，可泡茶飲用。每個月施用一次粒肥或2週施用一次液體肥料。

佛手芋 照護

觀賞期：全年。

日照：半日照，太強烈的日照易導致葉片變黃。

水分：耐陰溼，但仍要注意水分不可過度淤積，以免真菌類感染，會造成莖部軟腐，頂芽壞死。

照護：佛手芋也可以水栽，但一定要記得每星期換水一次，因為舊水積久了就容易腐敗，植物的根也會跟著腐爛。

●鬱金香照護請見019頁。

●鬱金香。

●白色蝴蝶蘭清新優雅，適合供在神桌佛堂。

(9) **梅蘭竹菊**：並稱為四君子。而竹子更有竹報平安、步步高陞之含意，所以也可以擺放開運竹來招財開運。

(10) **金桔**：又稱為四季桔，代表吉利，因為四季皆能開花，具有四季豐收的好兆頭。而且金桔又能泡茶飲用，是家中常見的觀賞果食類盆栽。

(11) 年節除了客廳與玄關之外，另一個重點就是神桌佛堂，敬拜祖先與神佛，信仰讓心靈得到慰藉。而過年擺在神桌上的植物花草更不能少，一般來說，最適合的植物我建議可以使用萬年青、菊花、荷花，或是水仙、蝴蝶蘭、百合花……等，都是不錯的選擇。

荷包花照護

觀賞期：3月～5月。

日照：半日照最好，避免陽光直射。

水分：土壤要經常保持濕度，但澆水時儘量避免水分留在葉片上。

照護：栽培的土壤以富含腐植質的肥沃砂質壤土最好，要注意排水。生長期間施肥可以用台肥速效1、3號做追肥，只要每10天噴灑或澆灌一次即可。

報歲蘭照護

觀賞期：全年，開花期為12月～2月。

日照：喜歡高溫多濕，可放於戶外，但需適當遮光。

水分：土壤乾燥時再澆水。

照護：每2週施以稀釋液肥一次，2個月使用有機肥一次。

金桔照護

觀賞期：全年都會結果，以7月～1月最盛。

日照：全日照，或是置於陽光充足處。如在室內最好每週曬一次太陽。

水分：根部泡水會因缺氧而發育不良，所以土壤乾燥再澆即可，要注意排水。

照護：施肥對金桔來說相當重要。果實收成後要修剪枝條，每週施用一次磷肥較高的肥料，如花寶3號，稀釋1,000倍後使用。結果後，可改施花寶2號以讓果實肥大，平常則每3個月施用一次有機肥。

●開運竹照護請見025頁。

報歲蘭。

●開運竹。

●金桔。

Part 4
開運風水布置訣竅

　　風水最重視的就是陰陽調和、五行相生。宇宙是由木、火、土、金、水這五種基本元素構成的。五行的學說,在科學和陽宅風水的運用上相當廣泛。

　　五行具備的特質,「木」代表生生不息,「火」則為炎熱、向上的特質,「土」具有孕育的特性,「金」帶有清淨的特質,「水」則是具有寒冷、向下的特質。五行相生的屬性為「木生火」、「火生土」、「土生金」、「金生水」、「水生木」,五行相剋的屬性則為「木剋土」、「土剋水」、「水剋火」、「火剋金」、「金剋木」等。

　　了解五行的基本特質之後,就會知道風水運用的基本原理。尤其是家中的格局空間和動線,各有其規劃限制和禁忌。這也是我們前往陽宅堪輿風水時的重點。現在我們就來看看在不同的空間開運佈局上,您應該注意什麼?

臥室風水布置五大重點

臥房在居家風水裡，關係著每個人的健康和感情部分，也是每個人休息與補充體力的地方。人的一生中有將近三分之一的時間都躺在床上休息，所以待在臥室的時間，一天可能超過8小時。休息睡眠時，身體是處在完全放鬆的狀態，對任何外力所造成的傷害，完全沒有防禦能力。

如果房間風水好，感覺就會舒適而放鬆，居住者的精神狀況就會飽滿，活動力和體力、精神狀況等都會比較好，思想也容易集中，判斷力較正確。反之，如果房間風水不好，那麼也容易造成精神不濟、體力不支，甚至容易生病等。自然在工作上也無法盡心盡力。關於臥室的風水格局需要注意的事項較多，下面說明的部分請大家要多加注意。

1. 房間的設計要方正圓滿

客廳和居家的空間都一樣，儘量不要缺角。缺角會阻礙氣體的流動，造成身體不健康。如果不小心買到了有缺角的房子，又無法改變格局，可以用風水佈局來調整，在缺角的位置放上36枚古代錢幣，平均擺放在牆角。

臥房內也不宜有框字造形天花板設計，這樣的設計會有
受困之意。另外床的上方有一框型天花板，我們也稱為棺材
煞，容易有病痛產生。

2. 房間內家具必須小心擺放

記得燈不能在床墊上方，燈壓那裡就會傷害那裡，燈如果
壓到腳，則腳會常覺得不舒服。燈如果壓到腹部，那腸胃或子
宮、下腹部等都容易有病痛。最好的辦法就是把燈移到床墊
外，尤其避免主燈壓床。

冷氣的位置也很重要，冷氣不可在床頭上方或是床頭左右
兩側，也不宜在腳的對面正上方。這幾個位置在風水上都容易
造成破財現象，身體上也比較容易生病。冷氣正確位置應置於
床中間或床腳左右兩側。

屋內不宜擺放大型尖角的櫃子，尤其是尖銳的牆角或櫃子
邊角，直接對著床鋪，都會使身體健康不佳。

3. 注意床的擺放位置

床的樣式，一樣要公正方整，忌諱圓床或水床，容易引來
第三者。夫妻也要避免分床睡，夫妻房間若是大小床，或是兩
張單人床，會使夫妻同床異夢，也易引發口角。

記得床頭後方要有靠，如果床頭的後方沒有實牆，睡眠就
無法放鬆，反而容易受到驚嚇。床頭無靠也易招小人，所以床
的後方不宜是窗戶，除了容易造成頭痛，睡眠不集中之外，也
容易小破財不斷。床頭左右兩側也不可以是
門，因為如果開門直接看到床頭，則會造成
頭痛、腦神經衰弱。床腳不可對沖門，因為
睡覺時腳直沖房門，易有意外血光之災。

床墊上方不可以有橫樑或直樑，會造成
身體不適。如果樑壓床頭，易造成頭疼、高
血壓等病變。壓腳則易造成下肢無力，或是
腳比較會容易受傷。床的側邊，床腳正面不

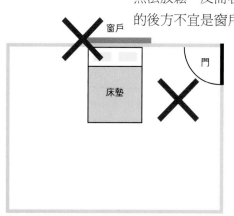
●床的後方不宜是窗戶，兩側也不可以是門。

可對沖廁所門，廁所是充滿穢氣的地方，會造成腸胃消化吸收不佳。

　　鏡面也不可直接對床，鏡面對床如果是夫妻，容易造成夫妻口角，也容易造成睡眠品質有障礙，久而久之精神會不集中。如果床頭後方有高櫃，會造成睡在此床上的人有無形的壓力，好像被很多事壓的喘不過氣來。床頭上方也不可以掛照片或畫，這樣會影響睡眠品質，地震來時也容易發生意外。床頭不可緊靠爐灶，床腳也不可以朝向爐灶，這樣容易有心血管疾病，以及脾氣個性較易急躁等。

4. 注意臥房內的環境

　　房間內的燈光要採用柔和的燈光，黃燈比白光好。室內採光如果不好，易有泌尿系統的問題，臥室內也容易陰氣過盛，可以增加照明。室內要隨時保持整齊清潔，垃圾也要記得常倒，儘量使用加蓋的垃圾桶，髒亂的臥室易招來爛桃花喔。

5. 臥房內不可放過多盆栽

　　雖然盆栽植物有助於開運，但是如果擺放過多，室內會產生太多二氧化碳，頭腦容易感到昏沉。可以用切花來代替，但是要記得一但枯萎就要隨時更換，維持鮮度。所以運用在臥房的開運盆栽，我多以切花布置，但是要記得一但花朵枯萎了，就要記得更換。

客廳風水布置五大重點

　　客廳是全家人生活共同生活的地方,也是接待朋友最重要的場所。房子裡絕對不能沒有客廳,沒有客廳,等於沒有共同生活空間,那麼家人關係不會融洽,也較容易具有個人主義色彩,家庭經常紛爭不斷。

　　如果客廳有好風水,則象徵全家人感情好,長幼有序。居住者也會事業順暢,創造最佳的運勢及身體健康等。而客廳除了影響家人的感情是否良好之外,和全家人對外的人際關係也息息相關,想要有好人緣,也要多注意客廳的風水。

1. 客廳位置必須接近大門

　　古人有言,「開門不見廳,行事不光明」。客廳是接待客人的地方,如果客人到家裡時,必須先經過其他地方才可以到客廳,這樣比較不洽當,形成所謂犯小人的格局。

2. 客廳必須方正、明亮

　　風水上說「光廳暗房」,意思就是說客廳要明亮,採光要好。財神爺喜歡乾淨、明亮的空間,如果客廳太暗,則不聚財氣。而「光線進不來的房子,醫生容易跟著來」,其實這個原理很簡單,就科學上來說,陽光具有殺菌的功能,所以一個

好的房子，陽光是基本的考量要點。格局也要方正，正方形或是長方形都可以。客廳忌諱有大面積的斜角，象徵「斜門＝邪門」之意。

3. 室內空氣要流通順暢

「氣喜迴旋，忌直沖」，意思就是說，如果一開門可以直接看到後門，或是大窗戶，都是不聚財的格局。所以陽宅風水的第一凶，就是穿堂風，穿堂風會讓家內之人漏財、入不敷出。如果有穿堂風的問題，最好是可以改變大門方向，或是增加玄關來擋氣，如果無法更改房子格局，後門要常常隨手關好，再加上長門簾阻擋。

4. 注意家飾和家具的擺設

客廳首重圓融，任何刀劍尖銳的物品、動物標本、人頭圖像等，這些物品容易產生陰氣，不宜掛在牆上。會影響家人容易爭吵，感情不和睦，也容易有暴力傾向。通常入門口的鏡子，也不可直接面對大門，這樣會使人際關係變差，也容易有血光意外。

沙發家具必須要有實牆當作後靠，象徵家庭生活有所依靠。座椅的擺設也要儘量環抱、集中，可以促進家人關係的和諧。沙發的擺設位置不可背對出入口，也不能擋住行走的動線，最好的方位以能看見大門為佳，較能掌握進出的人。茶几要搭配沙發的大小，以不超過最長的那個沙發長寬為原則，太長太大較容易有晚輩或是下屬忤逆長輩的問題發生。

5. 客廳的財位可以放上盆栽

家裡財位的找尋在後面章節會提到，可以在財位上擺上新鮮的闊葉植物。或是在客廳東南方放上一盆有果實的植物，象徵開花結果。而植栽可以活化客廳的氣場，讓全家的感情更美好，溝通更順暢，人際關係更親密等。

書房風水布置四大重點

　　書房對於小孩的學業和大人的事業，都相當重要。尤其是孩子的求學階段，一定要特別注意他平常所處的環境是否恰當，有舒適而安全的環境才能專心的念書。而家中之人的工作是否能順利升遷，也和書房規劃息息相關，但是書房的風水上需要注意哪些要點呢？

1. 注意書桌的擺放位置

　　書桌不宜背門而坐，書桌背門坐易犯小人。如果是正在求學中的孩子則容易交到壞朋友，而且讀書也不容易專心。書桌上也不宜有壓大樑情形，書桌壓樑會產生運勢不開的現象，不管是讀書或事業都會有多重阻礙。書桌上方及背後上方都不宜擺設冷氣，冷氣會造成室內以及體溫的變化，如果直接吹到頭頂，非但無法集中精神唸書，反而有可能生病、感冒。

　　書桌不宜直接面對房門，或是和廁所共用一牆。書桌對門則氣場直接衝向書桌，坐在此座位的人易心浮氣躁。如果對著廁所則穢氣會使功名不舉。也不可面窗，書桌面窗光線太強則

無法專心，求學中的青少年很容易被窗外的一舉一動所打擾。

2. 注意書房的設備規劃

書房光線要適宜，不可以過亮或過暗，書桌上方不宜有投射燈直照。檯燈也須注意擺設位置與照明亮度是否足夠。書房擺設不宜過多，書桌也需隨時保持乾淨整潔。

孩子的坐椅不適合有輪子，通常小朋友坐在這種椅子上都會滑動玩耍著，這樣會造成不專心與心情浮動。書桌以及電腦桌不宜共用，書桌本來就是專心唸書的工具，如果又擺設電腦，則容易分心。

3. 光線要明亮、動線要通暢

書房內的採光和通風都要良好，最好使用白燈較為明亮。如果室內光線不夠，可以加一盞檯燈輔助。動線上一定要流暢，注意桌椅、書櫃的大小要適合書房空間，不要擋住平常出入的空間。

4. 開運植栽不宜過多

書房內採用的植栽多以香草類植物，或是觀葉類植物為多。植物呼吸的氧氣和芬多精可以提神醒腦，讓思慮更清楚。但是也不要過於貪心，一般來說，約4～5坪大的空間裡，以不放超過2盆為原則。

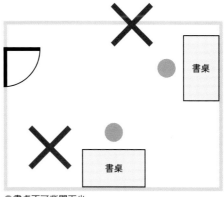
● 書桌不可背門而坐。

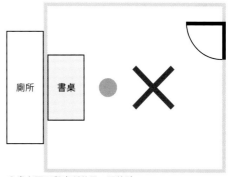
● 書桌不可與廁所共用一面牆壁。

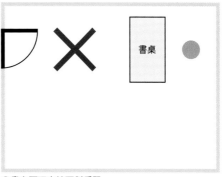
● 書桌不可直接面對房門。

餐廳風水布置五大重點

餐廳不管是在生活或是風水上，都是一個重要的位置，它象徵家中財庫，也是增進全家人相處的時間的重要地點。一個好的餐廳風水，不但可以凝聚家庭的向心力，全家人每天共進一餐，感情也會更融洽。但是現在人的生活腳步加快，全家人一起用餐的時間變少了，想要聚在一起變得很困難。

在以前農業社會當中，如果三餐吃飽，就有力氣外出努力工作。反觀現在，有些人在家中甚至不規劃餐廳了，總是在客廳吃飯，一邊吃一邊看電視，或是乾脆在外面吃飽才回來，家人缺少了一起相聚用餐的時間，也逐漸少了溝通與幸福的機會。家中必須要有餐廳的空間，否則家人的感情難以凝聚。

1. 餐廳不宜設在入門口

既然餐廳是財庫，當然不宜一眼就被別人看到。換個生活角度來說，開門直接讓別人看到桌上菜餚，除了不雅觀之外，也直接讓別人知道您吃了什麼，容易引起別人的注意。在風水學上容易犯小人，所以會小破財不斷。餐廳最好的位置就是在客廳與廚房的中央，除了方便廚房出菜使用之外，居家也多了一個活動空間。餐廳代表小財位，如果上面壓樑，則賺錢會辛苦多勞。

2. 餐廳不宜擺放大面的鏡子

鏡子如果擺在飯桌前面，容易造成吃飯不專心。以科學角度來看，邊吃飯邊照鏡子，則腸胃消化和吸收就容易出現狀況。基本上家中的鏡子不可亂用，因為鏡子可以反射，在風水上有時候會用來檔煞，但是家中不能亂用，像是床前、瓦斯爐前、客廳……等，都不適合懸掛鏡子。

3. 餐廳不宜與廁所、臥室相鄰

廁所為汙穢之地，如果在餐廳吃飯，與廁所為鄰，除了不衛生、不健康之外，家人也不喜歡在餐廳聚餐。也不適合和臥室相鄰，因為廚房主躁火，會讓臥室內的居住者脾氣暴躁。

4. 餐廳與客廳應做區分

　　如果居家環境裡沒有餐廳的規劃，則家人感情就會難以凝聚。家中餐廳和客廳最好是兩個獨立的空間，如果空間不足，可以用櫃子或屏風來作隔間和區隔。

5. 開運植栽以切花居多

　　如果家中的餐廳格局比較小，可以不放盆栽植物，以免阻礙整體的動線或是格局。或是偶爾放上新鮮切花，讓吃飯時心情更愉快。

廚房風水布置六大重點

　　廚房是家中很重要的風水格局,關係著家人的健康和財富,但是卻是最容易被忽略的位置。尤其是爐灶的方向,也是大多數的人不會加以注意的風水擺設。

1. 小心爐灶上方的格局

　　爐灶上方不可有直樑或橫樑,爐灶上方有橫樑或直樑,主女主人子宮下腹部會有病痛,嚴重者會有開刀的情形。也不可以有樓梯,灶上方如果是樓梯,會有財運受阻的現象。如果負責燒飯煮菜的人長期在樓梯底下,也容易患有心血管疾病,心情也會因為壓抑而感到不快樂。

2. 爐灶擺放的原則

　　如果爐灶後面無靠,則代表財運不穩。爐灶和水槽不可緊鄰,此問題主水火對衝,所以基本上水槽與爐灶須至少有60cm以上的距離。還要注意爐灶不可正對尖角,爐灶對尖角則女主人脊椎背部會有不適的問題。

●冰箱不可對著大門，以免漏財。

爐灶也不可正對著門，因為這樣容易因為風吹而影響爐火穩定度。也不可緊鄰著窗戶，或是窗戶必須高於爐灶，如果無法改善爐灶緊鄰窗邊的格局，就要記得使用時把窗戶關起來，這樣較為安全。

3. 注意家中廚房的位置

廚房和廁所不可相對，廚廁相對則主水火對衝，容易有意外事情發生，家人腸胃也比較會出現問題。還有，記得「廚不居中」的原則，廚房如果是在房子中間，主居住在裡面的人容易有心臟方面的疾病。以科學角度看來，廚房在房屋的中間也較容易有火災的發生，所以設立的位置通常都在房屋之後端。

4. 冰箱的方向影響財富

冰箱就象徵著全家人的財庫。注意家裡冰箱門開啟的方向，不可以對著大門正開，否則就會像保險箱對著大門的一樣，一直往外流失，永遠無法累積財富。

5. 廚房要注意通風

廚房是否通風尤其重要，因為廚房是使用火和瓦斯的地方，不通風則會有二氧化碳中毒之疑慮。煮菜時的油煙也要注意是否有管道安全排放，不要讓穢氣累積在屋內。

6. 開運植栽以果實類居多

廚房是家中的財庫，置放的盆栽以果實類居多，象徵財源和糧食不虞匱乏。一般以一盆為限，也要勤於照護，維持其經常果實飽滿。

浴廁風水布置六大重點

　　浴廁空間看似不起眼,卻會影響家人的健康。尤其浴廁是每天都會頻繁使用到的場所,風水上有些小細節要注意,如果浴廁規劃不佳,家人容易有泌尿系統的毛病。

1. 浴廁不可居中設置

　　浴室和廁所如果在房屋中央,會造成大漏財的現象。浴廁不宜無窗,對外窗才可以將穢氣、臭氣散去,也較不會有濕氣。如果廁所臭氣衝天、陰暗潮溼,較不容易聚集財氣。擺放一些盆栽植物可以調整浴廁穢氣。

2. 浴廁開門的方向要注意

　　浴室、廁所的門不可對著廚房、臥房門,也不可對著祖先神位。廁所如果對到廚房門,則容易有意外,腸胃也會不適。如果是對到房間門,那就要小心有爛桃花。如果對到主臥房,則夫妻感情較容易生變。如果對到神位,那是對神明不敬,也會沒有貴人。

3. 浴廁地板高度要適宜

浴室、廁所地板高度也不適宜高出客廳或臥室地面，然而過低也不適宜，通常不得高出或低下15公分。通風和採光也務必良好，如果光線不佳，可以使用小燈，或是用薰香精油燈來輔助。

4. 浴廁馬桶要隨手關上

馬桶使用後要隨手蓋上，避免穢氣流竄，否則廁門就要記得關上。地板也要隨時保持乾燥，潮濕容易造成滑倒意外。家中浴室、廁所數量不宜過多，如果過多則代表散財之意。

5. 浴廁門不宜用玻璃材質

很多飯店或是民宿的浴廁喜歡用玻璃材質的門，但是這其實是不適宜用在居家的，因為浴廁對使用者來說是極其私密的地方，使用玻璃門則容易有不安全感。在風水上來說，容易讓家人有泌尿系統的問題。

6. 開運植栽以小盆栽為主

浴廁每天都要使用，妥善運用盆栽可以淨化汙濁的空氣和氣場。浴廁中空氣含量的水分比較多，所以在植物的選擇上也要選擇需水量大，而且不需全日照之盆栽為佳。

●黃金葛這類容易照顧的小盆栽，適合擺放在浴廁的小空間。

第二篇

六大開運花草布置

沒姻緣、沒桃花該怎麼辦？用花草盆栽就能招來財運？

藉著有效方法來改善氣場，

就能營造出一個可以致富的能量環境。

現在我們一起來檢視一下您的居家環境，

找出居家最常用的基本財位、桃花位和文曲位等，

為您招來錢財、桃花、事業、健康、子孫的好運道，

也能有效地化煞、防小人。

Part 1
招財運的開運花草

　　一個人的財運好不好，除了和他自己本身的八字命盤有關之外，和居住的環境也有關係。就房屋風水上來說，如果居家靠近垃圾場、墓地、工廠和屠宰場等，都是不好的環境。以科學上的角度來看，這些噪音、不良氣味、衛生等，都會讓人感到不舒服，所以難以有良好的健康和情緒去待人接物，自然就不會有錢財入門。

　　而藉著一些方法有效的改善氣場，就能營造出一個可以致富的能量環境。現在我們一起來檢視一下您的居家環境。下面為您們整理出來的，都是居家常用的基本財位，只要在財位上放上適合的植栽，就可以讓財源滾滾來。

　　不過很多人把家裡當成森林，種養一大堆植物，讓家裡的陽氣轉成陰氣旺盛，這是不利於健康和運勢的。記得要適量擺放，過多的植栽可是會有反效果的喔。

找出明財位

好的財運風水是大家最為重視的，所以財位在哪裡也顯得特別重要。

一般來說，大門進門45度對角線就是居家的明財位。如果門在右手方，那麼對角線就是在左邊的角落。如果門在左手方，那麼對角線就是在右邊的角落。

每個家裡的明財位都是一樣的，不會因為大門的方向不同而有所相異。也是一般人最容易找到而且利用的招財方位。其他比較常用的招財方位就屬玄關、廚房、前陽台、梳妝台等。下列我會為各位做說明。

銀柳

使財源豐盛、一本萬利

陽宅風水中「氣場喜迴旋，忌直沖，中懷空以聚氣」。從大門進入客廳之間最好可以有玄關或是櫃子，讓住宅的內部更有隱私，外面的人不易窺探。

玄關也代表福氣綿延之位，玄關與陽台都是屬於納財氣的位置。切記不可以髒亂，也必須巧妙的布置，可以在玄關的位置擺放一盆銀柳，象徵銀兩滿屋、財源豐盛、一本萬利。

玄關處可以招財和招來好人緣。在此處擺放銀柳和五色切花兩盆花卉，既可以招財又可招人緣。如果只放其中一種花卉也具有效果，只是效果較弱。可視玄關大小來選擇布置。

金錢樹

象徵財源滾滾來

　　明財位必須乾淨、整潔，也需要安定，所以不可規劃在通道的動線上。更不可以懸掛鏡子，鏡子的反射作用，會阻礙家人的運勢，也易使財運不濟。可以擺放一盆生氣蓬勃的金錢樹，象徵財源滾滾來。

四季花卉
讓好運和財運不斷

前陽台是財庫，也是住宅採光的主要來源之一，可以招來好運。但是如果堆放過多雜物，好運就不會到來。

在陽台上栽種綠色植物和花草，營造出園藝空間，除了怡情養性之外，因為花草會經歷花開、花落、發芽等，生生不息的循環，旺盛的生命力可以讓運勢加強。可以栽種四季花卉不同的開花季節，像是春天的非洲菊或香水百合，夏季的薰衣草、秋天的鼠尾草、冬天的聖誕紅等。

辣椒
象徵糧食不虞匱乏

就風水而言，廚房也是掌握財運的重要方位。廚房的清潔與否更是影響整個家庭的財運，所以廚房不可任意堆放雜物，連垃圾也必須收好。

廚房可擺放一些辣椒、番茄的果實類小盆栽等，代表永遠有吃不完的糧食，取不盡的財源。而油煙的排除也要特別注意，千萬不要有過多的油煙，以免遮蔽了財運。

文心蘭

幫助女主人累積財源

　　化妝台是專屬於女人私密的小空間，也是許多女生藏匿私房錢的場所。想要成為小富婆，除了平常要養成儲蓄的習慣之外，也要注意檢查一下您的化妝台。首先桌面要整齊，可以在抽屜內的角落裡，放一個小葫蘆，葫蘆可以納氣、招財。

　　另外在桌面上，我建議擺上一盆黃色小蒼蘭或是文心蘭切花，讓花卉的香氣和秀氣的花型充滿房間。除了能增加夫妻感情，也可讓財運更上一層樓。

金錢樹 照護

觀賞期：全年。

日照：適合半日照。室內或半遮蔭場所皆可，但需避免日光直射之處。

水分：需留意土壤排水度良好。春、秋季可減為每3～5天澆一次水。冬季溫度過低時，水量更要減少，適度維持土壤的濕潤即可。

照護：可用微量要素的花寶一號，使日照不足的植物，保持強健體質。

非洲菊 照護

觀賞期：花期甚長，幾乎全年均可賞花。

日照：喜陽光充足，乾燥溫暖的環境。

水分：生長期除了炎夏乾旱季節要注意每天澆水一次之外，其餘時間可以等盆土表面乾燥之後再補充水分即可。澆水時請勿直接澆於葉片上，以免導致葉叢腐爛。

照護：以疏鬆、排水良好並含豐富有機的土壤最佳。種植時可加入腐爛的樹皮、一般花肥或泥碳土。

鼠尾草 照護

觀賞期：夏天至初冬，依其品種不同。

日照：喜歡陽光充足的環境，不耐高溫多濕的氣候，亦可在光線充足明亮的室內栽培。

水分：表面泥土乾燥後才給足水分，以免根部窒息。澆水在泥土上，而非葉面上。最好在傍晚澆水，可以減少水分蒸發，避免潮濕的葉片可能在烈日下灼傷。

照護：肥料除使用有機質肥料外，春、秋季可視生長狀況酌量施用含氮素較少的肥料。

●薰衣草。

聖誕紅 照護

觀賞期：11月～4月。聖誕節前後最盛。

日照：最好種植於室外，但應避免光線過強，導致植株灼傷。若置於室內觀賞，每週最好有一天移至室外補充光線。屬於短日照型植物，一但日照超過12小時，就無法開花。

水分：土壤略乾就澆水，過度乾燥會使下葉片黃化乾枯。

照護：每季施用一次長效性肥料。

辣椒 照護

觀賞期：春季開花，春至秋季結果。

日照：觀賞辣椒喜歡溫暖。屬短日照植物。

水分：需保持盆土濕潤而不積水。

照護：每7～10天施用一次腐熟的稀薄液肥或複合肥。

小番茄 照護

觀賞期：10月～5月。

日照：喜歡溫暖而日照充足的環境。

水分：番茄剛移盆時土壤不宜乾燥，但定植存活後水就不宜加多。

照護：番茄最好施以適量氮肥。

小蒼蘭 切花

觀賞期：11月～4月為主要觀賞期。瓶插壽命約1個星期左右。

水分：大約1～3天左右換一次水，水分大約加至容器的五分滿。

文心蘭 切花

觀賞期：全年。瓶插壽命約1～2個星期。

水分：文心蘭最好是每天換水，水分大約加至容器的五分滿。

●銀柳切花請見025頁。
●薰衣草請見091頁。

●聖誕紅。

Part 2
招桃花人緣的開運花草

　　現在晚婚族、不婚族越來越多，有時候並不是立志不結婚，而是找不到適合的對象。我也常看到一些單身的男女，看著身邊的朋友身旁都有對象了，內心焦急萬分，也希望在忙碌的生活中，能夠擁有愛情的滋潤，可是卻等不到愛神來敲門。每到假日，看著朋友們出雙入對的一同出遊，內心好不是滋味。

　　一個良好的愛情或是婚姻關係，除了必須雙方共同努力經營之外，彼此的互信互賴更是重要。現在我就趕快來教您找出家中的桃花位，好好的在此方位佈局，除了可以增加好人緣之外，也能將不好的桃花趕走，讓好的桃花進來，打造一個可以戰勝情敵、戀愛必成的植物花卉風水擺設。

找出桃花位

找到一個全家都適用的桃花風水位，不但可以為全家人帶來好的人際關係，也讓未婚者比較容易找到對象，已婚者也能增進彼此的感情。

首先找出大門的位置方位，請手持指南針站在房屋的中心點，先確定門在整個房子的哪一個方位後，再找出對應桃花點就是桃花位了。例如門在房子的北方，則桃花位就在房子的西方，如果是大廈或是公寓，就以整棟建築的大門為判斷方向。以此類推。

●門和桃花位的對應位置

門的位置	桃花位
北方、東南方	西方
南方、西北方	東方
西方、東北方	南方
東方、西南方	北方

五色切花
提升異性緣和人際關係

玄關是第一個接納客人的空間。擺上一盆適當的植物，可以擴展社交運，讓人緣變好。

可以多用木、火、土、金、水的切花，也就是越熱鬧越好。如果一直覺得沒有異性緣，黃色的花有助於異性對您有好感度，代表的有向日葵、乒乓菊等。

想要提高熱情與愛情運，則可以用紅色、粉紅色花朵，像是玫瑰、火鶴等。或者使用象徵高雅純潔與幸福的白色百合花、梔子花、滿天星、太陽花。藍色的星辰花及綠色的雞冠花等。加上藍色圓形或是透明的花器。可以在花器底下，鋪上蕾絲布點綴，更營造出五行的相生原理，讓美好的愛情持續到永恆。

●五色切花示範：藍色（木）：星辰花。
　　　　　　　　紅色（火）：玫瑰花。
　　　　　　　　黃色（土）：乒乓菊。
　　　　　　　　白色（金）：太陽花。
　　　　　　　　綠色（水）：雞冠花。

風信子
讓您和另一半的感情加溫

　　如果您老是覺得另一半不夠疼您,沒有時間陪您,或是在感情路上出現波折。

　　可以將代表幸福滿滿粉紅色、紫色花卉,擺在向陽處,向陽處是指光線可以照進來的地方。

　　地點不限制在房間的窗台或陽台,只要是居家有陽光的地方就可以。像是香豌豆花、繡球花、木槿、風信子等,都可以增加您們的感情。

天堂鳥

讓單戀對象對您產生好感

當您想談戀愛，或想經由參加單身派對，或透過朋友幫您介紹另一半時，您可以在房間窗口或有陽光照射的向陽處，擺上鈴蘭花或是百合花，能使另一半提早出現，相親也比較容易遇到好的對象喔。

想要和單戀的他成功發展，最好的方法是在房間有陽光的地方，擺上新鮮的橘色花卉。例如在窗台邊擺上1盆或是3盆、3株的天堂鳥，由於它的花序為佛焰形，花形大而艷麗，花冠似仰首伸頸的鳥兒頭冠，象徵只要努力，就可以使對方對您產生好感。

火鶴

可以讓情敵知難而退

　　想要趕走情敵的話，就可以在桃花位上放玫瑰、火鶴。這兩種都是代表愛情的花卉，有著成熟美艷卻不落俗套的外表，自信中帶點嬌柔的特質。除了可以充分表達自己強烈的愛情慾望，也會使情敵不再靠近，知難而退。

　　除盆栽外也可以使用切花。如果是用來趕走情敵，請擺上單數的玫瑰花束或是單數的火鶴，玫瑰的刺不需拔除。如果您希望愛情細水長流，或是居住者的人際關係佳，則擺上雙數玫瑰花束，而刺則必須拔除。

繡球花

讓戀愛心想事成

　　許多女生畢生的夢想就是嫁入豪門，如果希望另一半的經濟穩定、財運亨通，或是增強家中之人的感情，可以在家中桃花位上放象徵圓滿的繡球花、洋桔梗、桔梗等紫色的花卉。

　　繡球花象徵圓滿和希望。桔梗和洋桔梗都屬於同種花卉，洋桔梗有個美麗的花冠筒，代表包容和美麗。現在市面上的洋桔梗大多是紫色的花朵，不過也漸漸有許多深淺的品種，也相當受到喜愛。

繡球花切花

觀賞期：全年。瓶插壽命約3～5天。

水分：繡球花非常需要水分，所以它的水分最好是八分滿以上，而且可在花瓣噴些水，因為花瓣也可以吸收水分。大約2天換一次水即可。

香豌豆花切花

觀賞期：秋末和春初為主要觀賞期。瓶插壽命較短，約3～5天。

水分：水分約加至容器五分滿就可以了，大約每2天換一次水。

木槿切花

觀賞期：主要觀賞期為冬、春季。瓶插約5天左右。

水分：水分大約容器五分滿就可以了，每2天換一次水。

天堂鳥切花

觀賞期：4月～9月為主要的觀賞期。瓶插壽命約10～14天左右。

水分：每1～2天換一次水，水加至容器五分滿左右。

鈴蘭花切花

觀賞期：聖誕節前後為主要觀賞期。瓶插壽命約2～3天。

水分：水約注入容器五分滿，最好每天換水。

百合花切花

觀賞期：全年。瓶插壽命大約一個星期。

水分：每1～2天換一次水，大約容器五分滿左右。

火鶴切花

觀賞期：全年。瓶插壽命約15～20天左右。

水分：火鶴的水分不需要太多，大約容器三分滿即可。每2～3天換一次水。

玫瑰花切花

觀賞期：全年。瓶插壽命約7～10天左右。

水分：水大約加到容器五分滿即可，每2～3天換一次水。

洋桔梗切花

觀賞期：全年皆有，只是品種有所不同而已。瓶插壽命平均大約是5～7天左右。

水分：水大約加容器的五分滿就可以了，每2天換一次水。

●火鶴。

●繡球花。　●天堂鳥。　●玫瑰。　●洋桔梗。

Part 3
增加事業考試運的開運花草

　　在我堪輿的屋子中，我最常發現的問題是，孩子的房間正位於廚房的上方，甚至是爐灶的上方。以風水學來說，如果一個人的座位下方是爐灶，他念起書來就會相當急躁，心情容易焦慮，常常無法專心。

　　如果書房在二樓，廚房在正下面，就是屬於此種格局。最好是能夠移開房間或是廚房位置，但如果因為空間不允許，可以在書桌或是座位下方放上一塊黃色地墊，在墊子下平均擺上36枚古錢幣，就可以化解。

　　還有，書桌也不可正對著門口。開門就可以看到書桌直接相對的格局，也是風水的大禁忌。很多父母為了就近監看孩子是否認真，就會把孩子的書房設立在自己房間對面，甚至讓書桌或椅子對著門，這樣會讓在坐位上的孩子無法專心，待在坐位上的時間也會變少，或是根本不喜歡在那兒讀書。

　　如果孩子的座位無法移動，就在書桌前方放一個櫃子，記得櫃子高度要比座位者坐下來還要高一些。家裡最好有專屬的書房，也切記座位要有實牆，可以當靠山，才能使讀書者更專心，更知道努力的方向。

找出文昌、文曲位

看陽宅風水時如果想看孩子的學業能不能精進？或是想看大人的事業能否順利發展？就要找出文昌位和文曲位。

首先要以指南針找尋大門方向，來判斷家裡的房屋坐落方位，如果家裡大門在正北方，則房屋就是坐南朝北，以此類推。如果是大廈或是公寓，就以整棟建築物的大門為判斷方向。

而文昌又分為流年文昌、個人文昌、陽宅文昌位，如果家裡的孩子相當用功，但考試成績還是不佳，就得從陽宅風水的文昌、文曲位找到真正的原因，才能幫助他們。下面我所說的對應方位就是陽宅文昌、文曲位。

「文昌」代表學業、聰明與智慧。「文曲」代表功名、利祿。兩者都是好的方位。如果希望增加考試運與事業運，可以好好的運用以下的方位布置花草植物，也能達到事半功倍的效果。

●房屋座向和文昌、文曲位的對應位置

房屋座向	文昌位	文曲位
坐南向北	南方	西北方
坐北向南	東北方	中宮
坐東向西	西北方	東方
坐西向東	西南方	東北方
坐東南向西北	中宮	西南方
坐西南向東北	西方	東南方
坐西北向東南	東方	南方
坐東北向西南	北方	西方

●中宮位於居家的正中央。

雞冠花

讓您功成名就

　　雞冠花自古就是「加冠進祿」、「功成名就」的象徵。由於它的外型很像公雞的雞冠，具有挺拔、傲立的姿態，而且其種子很多，具有生命力旺盛的特質，象徵著熱情與力量。整束擺放，狀如一把熊熊的火焰，具備成為領袖特質的形象。在文曲位上放雞冠花，會是您在事業與學業上的最佳守護神。

開運竹

事業步步高陞

　　開運竹是相當常用的風水植物，不管是家裡書桌或是辦公事都可以放上一盆開運竹，具有步步高陞之意涵。

　　開運竹一般都用水種植，也可以在開運竹上綁上緞帶或是蝴蝶結，增加其生旺之陽氣。

　　開運竹其實就是萬年青，是新春期間很受歡迎的開運植栽，象徵發大財，也是很多店家用來開運招財最佳的擺飾盆栽。一般都是用水栽的方式栽培，花市就可以簡單購得。

羅漢松

把握靜心修練的時機

　　在求學的過程中，我們難免會遇到瓶頸，如果急於功成名就會心浮氣躁，反而容易出差錯，這時候可以將一盆羅漢松放在文昌位上，它可以提醒您，刻苦精進必有收成之時。

　　羅漢松原生在寒冷的地帶，成長極慢，是靜心修練、穩健、樸實之象徵。提醒您不論是求學或是求功名，都必須細水長流，不要放棄任何學習的機會，必然有成功的一天。

薄荷

集中注意力提升考運

　　想要集中注意力，加強考試的能量，您可以在書桌上擺上一盆小小的薄荷。薄荷是古代是早的藥用植物之一，不僅聞起來清爽舒服，也有助於提神醒腦。長時間在書桌上看書，難免感到頭昏眼花，可以將菊花、薄荷、茉莉花等，煮成花茶飲用，消除疲勞，提升您的學習力。

迷迭香

讓居住者頭腦清晰

　　迷迭香的香氣可以讓人保持年輕、並可以增強記憶力、活化細胞生命力。

　　根據中國古時的傳說，迷迭香的香氣可以驅魔。只要擺放一盆在書房，就可以讓頭腦更清楚，分析事物也更有條理。除此之外，迷迭香還具有屏除穢氣、招福納貴的功用。

開運花草小筆記

羅漢松 照護

觀賞期：全年。

日照：喜歡高溫、濕潤和陽光充足的環境。

水分：排水需良好。夏天每3～4天澆一次水；冬天每週一次。

照護：生長期每2～3個月施肥一次，氮、鉀比例增加，讓枝葉濃綠有光澤。栽培土質以適潤之壤土或砂質壤土為佳。

雞冠花 切花

觀賞期：夏、秋、冬季。

水分：雞冠花購回後可先除去葉片，因為葉片易蒸散水分。水的高度約加至容器的1/4，需天天換水以延長花期。

●開運竹照護請見025頁。

薄荷 照護

觀賞期：全年。

日照：薄荷喜歡光線明亮但不會直射陽光之處。

水分：夏天和冬天土壤都一定要保持濕潤。

照護：喜歡肥沃、濕潤但排水良好的土壤。冬季最好把盆栽移至室內，以免過冷危害植株生長。夏季時則需注意保濕，不可讓土壤完全乾枯。

迷迭香 照護

觀賞期：全年。

日照：迷迭香對各種氣候的適應力極強，但充足的陽光仍是健康旺盛的必要條件。

水分：能耐旱，但需水量不少。夏天每天都最好澆一次水，冬天則等土乾了再澆。

照護：迷迭香需多施肥。可選擇長效性的液體肥料，每2星期一次。土壤以排水順暢的砂質土為佳。

Part 4
招家運健康的開運花草

　　有助於家庭和諧的花卉有很多，大致上來說，多會運用花形比較柔和
圓滿，或是具有香氣的植物，切花或是盆栽都可以，除了可以活化空間的
氣場之外，香氣和柔美花形都有助於安定神經、緩和情緒。

　　下面建議的花草都是可以選擇的。如果您不喜歡花卉，而是喜歡觀葉
植栽，記得要選擇葉形柔和的，不要選擇有刺的植物，像是常用的馬拉巴
栗和綠寶石等。

　　在健康方面，我會建議多使用香草植物。因為許多香草都具有養身的
療效，不管是用來泡茶、作菜，或是泡澡，芬多精具有提神醒腦、紓解壓
力的功能。部分香草類植物還可以驅逐蚊蟲，提煉成精油則可以用以薰
香、淨化空氣等，在家裡種植有助於身體的健康。

蝴蝶蘭

讓家人感情幸福長久

　　蝴蝶蘭以花朵的姿態，類似蝴蝶翩翩飛舞而得名。由於花形飽滿，數量多，花期又長，固有蘭花之后的美譽。因為蝴蝶與「福疊來」同音，不僅成了年節花卉、送禮的最佳代表。在居家的客廳中擺放，更具有幸福長久之意，也可以提升家運，好運自然來。

千代蘭

讓您家和萬事興

　　盛開的千代蘭清新脫俗，加上其帶有千歲含意的吉祥花名，也是象徵幸福圓滿的花卉。也可以用鬱金香，其品種與顏色的變化很多，被視為勝利與美好的花朵，花形飽滿而圓潤，顏色鮮艷，是可招來財富與愛情的代表花卉。

　　在客廳或是書房、臥室等擺上一盆黃色的鬱金香或千代蘭，能顯出居住者的高貴與內斂，讓家人感情更圓滿且彼此尊重，才能家和萬事興。

萬壽菊
象徵富貴吉祥、家庭和樂

家裡的走道或是走廊，也是氣場循環的場地，可以擺放水仙或是萬壽菊等具有吉祥名稱的花卉。水仙花又稱凌波仙子、金盞銀臺等等。水仙可以避邪除穢，尤其過年時，可在水仙的莖葉上以紅紙或是紅色緞帶點綴，加些喜氣，讓水仙花更顯富貴吉祥。

而萬壽菊和水仙修長的枝葉象徵冰肌玉骨、潔淨無瑕，也能促進家人之間坦率相處，使家人的溝通沒有障礙、氣氛和樂。

薰衣草
增進全家人的健康

薰衣草有芳香庭園女王之稱，香氣可以助人安眠。有些人用乾燥後的花草泡茶飲用，或是製作成薰衣香草枕，藉由身體的熱氣促使薰衣草散發清淡甘甜的香味，有助於安定神經，幫助睡眠。在廚房栽植一株薰衣草，可以增進家人健康。

海芋

為家中帶來和諧及好運

　　海芋的另一個別名，又做「馬蹄蓮」。海芋花外面的「佛燄苞」有如樹立的馬蹄，植株又像蓮花在水中生長一般，才有此稱號。其外型清新脫俗，偶爾欣賞一下它的清姿，即使再浮燥的心情，也會隨之平靜。

　　如果和家人有意見不同的地方，可以在客廳擺放--盆海芋，讓家人的心情得以趨緩，適時的放鬆。也會為家庭帶來和諧與好運。

蝴蝶蘭 切花

觀賞期：全年。瓶插壽命約5～7天左右。
水分：水大約加容器五分滿即可，大約每2～3天換一次水。

千代蘭 切花

觀賞期：主要花期為5～10月，瓶插壽命約7天左右。
水分：水大約加五分滿就可以了，大約2～3天換一次水。

萬壽菊 切花

觀賞期：全年。瓶插壽命約1～2星期。
水分：萬壽菊需要較多的水分，每次換水大約裝5～7分滿的水。
夏天最好是每天換水，冬天則2～3天換一次。

水仙花 照護

觀賞期：12月～4月。
日照：需充分日照，可先放在屋外使其開花，再置於室內陰涼
處，讓花期更持久。
水分：水分適量即可，以防鱗莖腐爛。
照護：葉片展開時，每半個月施追肥一次；春分與清明之間追加
磷鉀肥一次，以促進鱗莖肥大，還可增強植株的抗寒力。
性喜低溫（10～18℃），耐寒性強，高溫下葉片容易變
黃，球根瘦小。

海芋 切花

觀賞期：全年。瓶插壽命約10天左右。
水分：海芋的水量約容器的5分滿，最好在水中加入少許明礬以
殺菌，每天換水可維持觀賞期。

薰衣草 照護

觀賞期：6月～8月；12月～2月。
日照：全日照。耐高溫多濕，且通風良好。
水分：不必澆太多水，盆中土壤乾燥後再澆，澆水時儘量不要澆
到葉子及花，否則易腐爛且滋生病蟲害。
照護：每3個月可將骨粉放在盆土內當做基肥，小苗可施用花寶
二號，成株後再施用磷肥較高的肥料，如花寶三號。開完
花後必須進行修剪，可將植株修剪為原來的2/3，株型會
較結實，並有利於生長。

●蝴蝶蘭。

●萬壽菊。

●海芋。

●薰衣草。

Part 5
人丁興旺的開運花草

　　中國傳統的農業社會的習慣,家庭裡需要人手幫忙農務,所以總是認為孩子生越多越好。但是現在工商業發達,每個人的生活步調都加快了,在精神緊繃和強大的經濟壓力之下,孩子卻成為甜蜜的負擔,少子化的情形越來越嚴重。

　　有些人就算是想生,也因為過大的壓力或是夫妻間身體健康狀況不佳。甚至是居家風水、祖先墳位方向發生問題,結果在找不到任何原因的情形下,一直遲遲無法受孕。

　　如果是身體的問題,一定要求助於專業的醫療體系,現在醫學進步,大多數的問題都可以獲得改善。但如果不是身體健康的問題,這裡我提供一些風水、節氣及民俗上的小方法,想生育的夫妻不妨可以試一試。

求子助孕小祕訣

1. 利用節氣的能量求子，正月十五是元宵節，也是俗稱的小過年及燈節，台語中燈與丁同音，此時的燈能量最強。如果想要求子者，可以在當日傍晚時，將紅色燈籠掛在房間窗戶外，也有助於懷孕者順利生產。

2. 請多子多孫的長輩，在元宵節當日或前一日，送一個小燈籠掛在主臥房的床頭上，並擺上含子豐富的石榴，有助受孕。

3. 古有民俗：如果女人夢見月入懷中，必主懷孕。古代的皇帝便有選擇「滿月受孕」之說。想懷孕的婦女，可以在中秋節時，在臥房內擺上紅棗、花生、含殼桂圓、瓜子等，有早生貴子之象徵，擺放兩週後可以食用。

4. 工地要開工破土時，通常會準備一支新的鏟子，用以破土進行開工大典，可以將鏟子使用後送給想要求子的人家。通常鏟子都會繫上紅色緞帶，如果沒有，鏟子帶回後，要為其綁上紅色緞帶，挑個吉日良辰放進床下，想求男，就將鏟面朝下，欲生女，將鏟面朝上。

找出本命方

前面我們已經提到一些風水上的設置不當也可能造成不孕的情形。「宅議」一書中提到，「房內值年命二方，主不受孕」。這個風水派別的學說認為，睡床位置位於「太歲方」或是「本命方」，難有生兒育女之望。太歲方指的就是流年太歲，如果今年是「酉年」，太歲方就在酉，但「太歲方」年年會改變，所以睡床在太歲方，也只是那年不易受孕而已。

因此我們最常採用「本命方」來查看孕事風水，因為本命方是固定不變的。例如「馬」年出生之人，本命方就是午，如果睡房在本命方，那麼受孕的機會將會降低，要儘量避免將睡床設在此方位。

●十二生肖和睡床的對應位置

十二生肖	本命方	不適合睡床方位	十二生肖	本命方	不適合睡床方位
鼠	子	正北方	馬	午	正南方
牛	丑	東北偏北	羊	未	西南偏南
虎	寅	東北偏東	猴	申	西南偏西
兔	卯	正東方	雞	酉	正西方
龍	辰	東南偏東	狗	戌	西北偏西
蛇	巳	東南偏南	豬	亥	西北偏北

千日紅

圓滿完成您的心願

千日紅又稱圓仔花，也是民間用以陪嫁的花卉之一。在客廳的茶几上擺上一盆圓仔花，由於它擁有球狀花序，花色圓滿而討人喜愛，還具有種子多的特性，處處展現生機，也有多子多孫的意味。

紅色圓仔花也是祈願最代表性的花卉之一。有什麼願望想要實現，就可以擺上一盆，讓目的順利達成。

康乃馨
象徵多子多孫、早生貴子

在房間床頭櫃上方，可以擺上一盆康乃馨或是石榴的果實。石榴自古就被稱為是多子多孫，具有吉祥昌盛之意，像是「紅榴多結子，綠竹廣生枝」、「榴開百子」等，都是祝賀家中人丁興旺的意思。如果身邊有新人要結婚，送上一盆石榴，具有祝福新人早生貴子的含意。或是贈送多子的蘋果，也意味著多子多孫多福氣。

也可以放上象徵母親的康乃馨切花，康乃馨代表著母親不求回報地守護子女的心意。

芳香萬壽菊
順利獲得求子機緣

我建議可以在前陽台或是房間向陽處放上使君子或是萬壽菊、長壽花等。使君子又名「留求子」，取其求子之諧音，使求子的過程不再那麼辛苦，能順利的得到子緣。

芳香萬壽菊是帶有芳香之開花植物，栽種容易，繁盛的葉片也代表家庭平安、多子多孫之意。

合果芋

有助於孕育新生命

　　某些不孕症可能是因為外在形煞造成的，像是門或是窗一打開，正前方和其他建築物的邊緣正對，即是犯了所謂的壁刀煞。如果前方有兩棟建築物，其形成的空隙對沖門窗，形成天斬煞……等，均是不利於健康的風水。

　　民俗上可以用大葉圓葉的植物來改善。擺放的數量必須為單數，代表的植物有合果芋，它的屬名是Syngonium 源自希臘文syn（聚合）、gone（子宮）等，所以合果芋有助於孕育新的生命。

茉莉花

充滿母愛的光輝

　　陽台或是庭院、向陽處也可以栽種一盆金針花或是茉莉花。金針花就是萱草，又稱為宜男草，以前有一個傳說：「當婦女懷孕時，在胸前插上一枝萱草花就會生男孩，故又名宜男。」。

　　不過市場上較少見到金針花的盆栽，可以栽種清香純潔的茉莉花，具有女性的陰柔和母性光輝，也是讓家裡添丁的常用花卉。

開運花草小筆記

●合果芋。

●千日紅。

●金針花。

合果芋照護

觀賞期：全年。

日照：合果芋耐陰性佳，要避免日光直射。室內有散射日光的地方即可生長，但斑葉品種的合果芋如果在太過陰暗的地方種植，會使其斑塊消失，降低它的觀賞價值。

水分：合果芋喜歡高溫多溼的環境。春、夏、秋季，都是合果芋的生長期，應保持盆土溼潤。冬季為其休眠期，盆土乾了再澆水即可。

照護：繁殖用扦插法或分株法，春至秋季最適合分株栽植。

康乃馨切花

觀賞期：主要花期為12月～6月。瓶插壽命約10天左右。

水分：因為康乃馨的花莖易爛，所以瓶內水約3～4分滿左右即可，每天換水。

茉莉花照護

觀賞期：6月～10月開花。

日照：全日照，耐高溫多濕。

水分：夏天需每天早晚各澆一次，冬天可改為一次。花盆內若積水會導致葉片變黃，要注意排水。

照護：茉莉花喜歡肥沃、潮溼的土壤，栽培容易，每個月可施適量的肥料在邊緣。

千日紅切花

觀賞期：全年皆有。瓶插壽命約1星期。

水分：水分約五分滿，大約每2天換一次水。

金針花照護

觀賞期：8月～10月。

日照：提供半日以上的直接日照，是最佳的開花環境。

水分：性喜濕潤，在分株後以及開花時，要注意盆土不能太乾燥，至於其它時間，則等盆土表面乾燥了再澆水即可。但不可積水，否則根部容易腐爛。

照護：除了在培養土中，混合生長初期需要的基肥之外，定植以後，可於每年的2月中旬和9月各施一次肥，使用長效性的複合化學肥料即可。

●石榴照護請見027頁。

Part 6
防小人化煞的開運花草

　　不論是工作還是生活，如果遇到人際關係不佳的問題，的確是會讓人感到相當困擾。如果同事之間相處融洽，主管對您賞識有加，那麼就算工作繁重，也會讓人覺得動力十足。但是如果同事之間的常常勾心鬥角，上司與下屬對立，會讓人像洩了氣的皮球一樣，每天都沒有元氣。

　　所謂的風水，其實就是一門自然科學，對於煞氣和化解方法，除了參考前人傳承下來的豐富經驗之外，往往都依循著如何讓心理和生理上都達到舒適感受的原理，營造出一個讓人放鬆的空間。

　　只要您可以細心的去布置一個，您覺得最舒服、清爽的環境，通常就是最好、最適合您的。綠色植物可以促進空間中氣體循環、補充新鮮氧氣、防塵、防噪音等，也能讓心情開朗、身心放鬆。所以用植物作居家開運布置，其實就是這些原理、原則的組合。

福祿桐
調整空間的格局規劃

很多辦公室都是大型窗戶或是落地窗，而且職員根本不太可能隨心所欲的去改變裝潢和空間規劃。如果有背無靠或是隔間、隱密性不佳的問題，可以使用單數以上的福祿桐來作屏障，以3或5盆最為適合。福祿桐擺放的高度必須過辦公桌，因為福祿桐的葉片豐盛，莖幹姿態優雅，很適合拿來做屏風狀的擺設。

福祿桐更有富貴樹的別名，將富貴搬到辦公室，也會使業務上更順利，小人不敢靠近。狹長的葉片類似芹菜，也有諧音「勤快」之含意，在辦公室勤快的做事，自然可以獲得大家的賞賜和認同。

馬拉巴栗
化解同事間的是非、爭執

辦公室或是家裡沙發、書房的坐位後方，或是前後四周，如果正對著尖角，卻無法移動坐位時，在尖角的位置擺放一盆馬拉巴栗，可有效的化解利角所造成的傷害。任何的尖角在風水上來說，都是大忌。

馬拉巴栗又稱之為發財樹，具有擋煞的功能，本身的枝幹肥大，是一個生長力極旺盛的樹木。象徵不畏艱難的特性，如果可以在葉片上綁上紅色的緞帶，更可以化解銳角之氣。

竹柏

遠離小人糾纏、趨吉避凶

　　不管是在工作上，或是平常的待人接物上，如果老是覺得小人很多，無法排除，可以在家中的書桌右前方，或是辦公桌的右前方，擺上一盆竹柏。

　　竹柏又稱日本艾草，它有個獨特的特性，因為它的枝幹挺直，樹冠常綠濃蔭，不用刻意修剪，也自然會往上生長而不橫生枝節。其枝幹也可以用來雕刻，具有屹立不搖的象徵，帶來節節高升、臨危不亂的氣度，讓小人不敢靠近，達到趨吉避凶的目的。

仙人掌

阻止小人的靠近

　　如果房屋位在一樓，那麼可以在家裡後門或後院，擺放一盆仙人掌。

　　2樓以上的建築物，可在後陽台的位置擺放，因為仙人掌具有強烈的生命力，平常不用太多的照顧，就可以成長的很好。加上尖刺而濃密的外觀，有抵抗外力入侵，自我保護之意，更象徵不為外在紛擾影響，自然不會招來麻煩，小人也就不敢靠近了。

鄭雅勻居家開運花草布置

100

劍蘭

自我保護，破除官司是非

在入門口的玄關處，可以擺放劍蘭。劍蘭又稱為福蘭，由於花朵是由下向上發展，象徵福氣、圓滿，教人脫胎換骨。它的葉片比較修長，就像一把劍一樣，而當我們遇到是非、小人時，正需要一個護身符來自我保護，劍蘭就有這樣的含意。

就古代來說，寶劍是具有天地正氣的，當我們遇到有理說不清時，或是遇到官司是非時，在玄關處擺上劍蘭，可以將不好的運氣排除，重新迎接新氣象。

開運花草小筆記

竹柏照護

觀賞期：全年。

日照：幼苗時需明亮而柔和的光線。

水分：每2日澆一次水即可，平時澆水要適量，土乾後再澆。

照護：竹柏的幼苗生長緩慢且耐蔭性強，很適合室內栽培。但在長根和莖時期，應放置在室外不受陽光直射的場所，否則在光線陰暗處易根莖瘦弱。可等嫩葉皆成長成形後，再移入室內欣賞。

劍蘭切花

觀賞期：全年。瓶插壽命大約1星期。

水分：水分約加至五分滿，大約每2天換一次水。

●福祿桐照護請見023頁。
●馬拉巴栗照護請見025頁。
●仙人掌照護請見043頁。

案例一：負債千萬的破財格局

有一次我受託前去勘查一間豪華的房子，前屋主本來經濟狀況很好，但是搬入後不但被客戶倒帳，廠商也忽然不願意供貨了。資金周轉困難，就連股票、基金，也全部都血本無歸。負債累累之下，不得已只好出清所有的家當，把房子低價賣給朋友。於是現任屋主就邀請我前去查看這間房子的風水。

風水解析

Q1：從一出電梯門開始，我就發現這房子註定沒有財運。這間房子有個陽宅風水上的大禁忌，首先是大門直接直接面對電梯門，「大門正對電梯口，就同面對老虎口」，就算有家宅萬貫，也不夠賠，所以前屋主最後只好落得「跑路」的下場。

改善方法

1. 大門直接面對電梯口，或是向下的樓梯，主財運節節衰退。改善的方法必須在入門口內做一個玄關或屏風。或是在門口擺放紅色地墊，下方放置「五帝錢」。門外左右兩邊均可掛上桃木獅咬劍，以趨吉避凶，這樣才能徹底化解。

2. 除了用上述所提到的物品破解之外，還可在玄關處擺放一盆鳳梨花，可化煞招財。鳳梨花顏色亮麗鮮紅，紮實的葉片呈現飽水狀態，象徵平常就必須儲備能量，讓好運自然上門，不會因為門外的煞氣而退縮。其「旺來」諧音，象徵著好運不斷來的意義。

●將鳳梨花擺在玄關處，取其旺來的諧音，可化煞招財。

●五帝錢。

Q2：進屋後我發現原來房子的陽台，早就被屋主為了空間上的使用而往外拆除了。其實台灣現在普遍存在這個問題，這也是造成他財庫不守的原因。

●佛手芋可招來財運。

改善方法

1. 前陽台主事男女主人的前景運勢，也是招貴人的好位置。而後陽台主子孫的發展，是一個緩衝和保護的空間。如果住家外面有形煞，陽台可以多一層保護，降低殺傷力。陽台往外推，就會失去屏障。化解的方法，可以在陽台外推的部分擺放36枚的古錢，平均以雙面膠黏貼在腳踏板處。或者在加蓋出去的兩側放上金字塔型的黑曜岩來化解。

2. 除了上述以法器的化解方法之外，建議擺放3或5盆葉片呈心形展開的佛手芋。就像伸出手來的招財貓一樣，為居住者招來財運。

風水解析

Q3：後陽台的對面是一棟許久沒有人居住的老舊公寓，屋頂亂七八糟的，還雜草叢生。牆面上塗了綠綠黑黑的一層漆，這樣雜亂骯髒的房子，陽宅風水視為破落屋。面對破落屋，不但財運不好，連未來的出路和子女的運勢都會大受影響。

改善方法

1. 民俗上面對破落屋，必須掛上開光過的法器「山海鎮」，藉由排山倒海的功能來改善。

2. 可以在後陽台擺放3或5盆的紅竹，並綁上紅色緞帶。葉片上的紅色微尖的形狀，可以轉換破落屋的氣場，調整對面的汙穢之氣。

案例二：事業風水不佳的格局

　　張小姐是在一年多以前搬進去這間十多年的舊大廈，搬進去之前，她只要一看到喜歡的房子，都會先去卜卦問神，問問看到底適不適合。好不容易找到一間自己覺得滿意的好房子，還請命理師前往指點陽宅風水，老師跟她說這間房子的財運很好，可以安心居住，運勢上可以招財致富。但是張小姐搬進去之後，業務量卻越來越少了。月薪也從二十多萬元，到現在每個月只有一萬多元的進帳，面對這些狀況，張小姐開始心慌了，她不知道問題出在哪裡，是風水老師看錯了嗎？

風水解析

Q1：在風水學上，每一個方位代表不同的運勢，所以房屋必須工整、方正。但是這個房屋方位並不方正，房子的北方嚴重缺角，北方是影響事業運的方位，造成努力都只是徒然。

改善方法

1. 任何缺角的格局都可以在缺角的位置放上36枚古代錢幣，平均擺放在牆角的位置，以化解缺角問題。

2. 可以在缺角的方位擺上一盆觀音蓮，它的葉色光亮、墨綠，葉脈清晰，外型簡潔有力。夏天高溫時，觀音蓮會呈休眠狀態，由地下塊莖儲備養分，蟄伏等待萌發之日，此特性剛好可以補北方缺角的事業運不足。觀音蓮的嫩芽原為捲曲而後伸展，就如同我們在商場上，遇到任何的挫折，都必須能屈能伸，才能創造大事業。配上黑色圓形器皿，更可使北方能量加強。

●觀音蓮可補北方缺角之事業運不足。

●桂花可增加工作效率。

風水解析

Q2：客廳的沙發採用3＋2＋1的樣式，但是因為空間的關係，沙發背門而坐。在風水學上，三人份的沙發是主要的位置，也就是主位。主位的沙發絕對不可以背門而坐，容易招來小人，本來可以談成的案子，會無緣無故的被別人搶走，努力容易白費。

改善方法

1. 必須移動沙發的位置，調整到背後有實牆可以靠的方位，這樣才是背有靠山、努力有成的風水格局。

3. 家庭中如果客廳的氣場良好，就能與人有良好的溝通。可以在客廳的桌几上放香氣濃郁的茉莉、桂花、風信子等等香氣花卉，淨化室內的空氣，增加工作的效率和能力。成長中的風信子球根會剝去灰暗的外殼，以全新的姿態展露生命的活力，這種積極而正向的能量，有助於居住者度過事業的低潮期，為事業帶來更好的契機。

風水解析

Q3：房間裡的小書桌緊靠著床頭的位置，而椅子也是背著門而坐，家中的書桌和椅子都不可以背門，背門除了犯小人之外，也會對自己沒有信心，凡事猶豫不決，常常無法做出正確的判斷，而錯失得到訂單的機會。

改善方法

1. 書桌和座位必須依靠實牆，可以當作靠山，這樣張小姐的業務和訂單量會比較順利。

2. 單純使用植物並無法化解背無靠的問題，可以在櫃子上放上1或3盆綠色福祿桐或是圓葉植物，來增加櫃子的隔絕功用。

家人沒有向心力的格局

　　我有一次勘查一棟三樓半的透天厝，屋內一樓的部分是餐廳和廚房，二、三樓的格局都是2個房間、1個衛浴設備，頂樓則是呂太太住的主臥室。

　　呂太太育有兩男一女，當初買這棟透天的房子，就是希望每個孩子都有自己的房間，可以各自獨立。呂太太因為工作上的壓力，不但常常與先生發生嚴重口角，想法、觀念也漸行漸遠，夫妻感情也越來越淡。

　　呂太太發現和孩子之間的話題也越來越少了，大姐大學畢業後，不但不找工作，每天待在房間中沉迷於線上遊戲，個性越來越古怪。兄弟之間常常起爭執，讓他相當心煩。

　　這個家像一盤散沙一樣，根本感覺不到溫馨和諧的氣氛，呂太太開始怨嘆這輩子辛苦了這麼久，到底得到什麼？

風水解析

Q1：呂太太夫妻睡在頂樓，這是不正確的。一般來說，如果是居住在別墅，或是獨棟的房子裡，主臥房必須是設立在比較接近樓下的位置，而孩子必須睡在樓上的房間，也就是當孩子回家的時候，必須經過父母的房間門口。主要的目的，是要讓父母知道孩子的回家與外出的時間，清楚的掌握孩子的狀況，增進家人互動。

改善方法

1. 針對臥房的問題，建議年長者往樓下睡，孩子往樓上睡。如果是同一層樓，讓主臥在房屋後方，這樣才能改善親子間的溝通。

2. 想要凝聚家中的向心力，可以在家中客廳布置一個生機盎然的角落，利用富貴的牡丹花當作主體，設計一個豐富的植栽或是切花。牡丹代表繁榮昌盛，是女性光輝的象徵，而母親更是家中向心力的凝聚依靠。

風水解析

Q2：二樓大女兒的房間，床頭睡覺的位置，正好是樓下廚房瓦斯爐的正上方，這可是風水的大禁忌。一般來説，爐灶本身為火氣，熱氣直接在頭上正燒，這會影響到居住在此房間的人健康，睡眠品質會有嚴重障礙，脾氣、個性怪異、難以溝通，也容易緊張不安，身體就會有很多病痛。風水上爐灶對家裡的影響相當大。而且大姐的房間太大了，小孩的房間不可以大於主臥房，如果大於主臥的父母房，主長幼無序、目無尊長，而且孩子不懂得禮讓。

改善方法

1. 爐灶的上方不可以是睡床或是書桌，我們建議將姐姐的房間搬到頂樓，主臥房搬到二樓前方，而瓦斯爐正上方的房間可以當作更衣室或儲藏室。如果空間上無法調整，就在爐灶的上方放置一塊大型的黃色地毯，沿著黃色地墊下方，平均擺放36枚古錢，象徵36天罡正氣，隔開爐灶之火氣。

●36枚古錢。

2. 檸檬馬鞭草和迷迭香都被視為有淨化房屋、清潔神壇的功能，獨特的香味也可以減緩偏頭痛的問題，可將乾燥後的香草製成枕頭，以舒緩壓力、幫助睡眠。

●牡丹花可凝聚家人向心力。

●迷迭香可舒緩壓力。

案例四：口舌是非多的格局

　　我認識張媽媽的時候，她已經在這個社區已經住了十年了，平常沒事就會種種花草，也很喜歡養小動物，日子過得平靜、悠閒。

　　前不久隔壁搬來了新鄰居汪先生，據說是某大學退休的教授。張媽媽一如往常的，和汪先生熱烈的打招呼，沒想到汪先生似乎不太領情，反應相當冷淡。搬來後兩家人經常爭執，甚至還因為停車位和噪音問題而鬧上法庭。

風水解析

Q1：張爸爸非常喜歡收集字畫和木雕裝飾物、陶瓷的小玩偶等，只要出去旅遊，他就一定會帶一些字畫或是木雕回家做紀念，知道的朋友有時候也會買回來送他，所以家裡有許多珍貴收藏。張爸爸很喜歡把飛禽猛獸的圖畫懸掛在房屋的中心點，大約是在走廊的位置。但是就風水來看，字畫擺放可是有學問的，擺的不好，小人的是非、口舌斷不了。

改善方法

1. 字畫與木雕，石像等裝飾物，不可以隨便懸掛。尤其是凶猛的野獸，越奇形怪狀的，像老虎的小標本、飛鷹的字畫、小石獅或是豹等等。這些凶猛的動物或是人形，儘量不要擺放在家中。如果真的很喜歡，又必須擺放，就必須在它的底部或是背後貼上紅紙，避免凶性大發，造成家中吵鬧不斷，而使得小人有機可乘。

2. 飛禽走獸圖也不可放在房屋的中央，會讓居住者常睡不安穩，精神狀況不好。此處可以放置香草植物來安定情緒和幫助睡眠。

●薄荷可安定情緒。

Q2：這間房屋的一樓大門與後門連成一直線，在陽宅風水上，形成所謂的陽宅第一凶──「穿堂風」，這樣除了會破財之外，還會導致居住在裡面的人，沒有防人之心，容易被小人陷害而招來麻煩。

改善方法

1. 穿堂風在風水學上是一個大禁忌，也是居家中最大的煞氣。通常一個房子只要開門直接見後門，就必須做一個玄關櫃，高度必須高過門，寬度必須寬過門，才能徹底化解前門通後門的危機，改善小人是非的問題。

2. 使用植物或是屏風並無法化解穿堂風的煞氣，最好一定要用櫃子，如果高度無法高過於門，則可以放上3或5盆綠色植物，像是福祿桐等，加以輔助隔開。

●裂葉福祿桐。

圓葉福祿桐。

案例五：爛桃花糾纏的格局

　　有一次勘輿了林太太的住宅，感到不勝唏噓。林先生不但外遇，更在一次的酒駕中車禍身亡，身故後保險金的申請也不順利，家裡的經濟狀況頓失依靠。

　　還不只如此，這三個孩子的友狀態也相當混亂而令人擔憂。三個孩子本來都是應該努力念書的年紀，可是卻一直有爛桃花糾纏，要怎麼破解爛桃花的風水格局呢？

風水解析

Q1：主臥房的門與廁所相對，是破壞婚姻的元凶，會有很多爛桃花。如果是未婚者居住在此房間，有可能一直沒有婚姻緣，經常更換交往對象。

改善方法

1. 臥房門與廁所門相對，廁所必須保持良好的通風環境，如果廁所沒有窗戶，平常必須將馬桶蓋蓋起來，並在廁所門與主臥房門掛上長布簾，布簾必須是單片，長度約離地30公分，才能削減此煞氣。

2. 建議擺放一盆金脈單藥花在浴廁和臥室中間，或是放在廁所的洗臉盆上方。金脈單藥花具有淨化室內空氣的能力。其白色的脈絡葉片及盛開黃花，在五行當中，白色為金，綠色為木，黃色為土，利用五行的相生相剋的原理，金剋木，木剋土，土剋水（水是指洗手間），可以化解廁所中的穢氣。

東波水月
Eastwave Flower

時尚。花藝。設計。空間

- 內湖門市/花藝教室
  台北市內湖區行善路56號1F TEL:(02)8792-8793
- 南港展覽館門市
  台北市南港區經貿二路1號163室 TEL:(02)2783-9876
- 信義加盟門市
  台北市基隆路一段188之2號1F TEL:(02)2766-5766

C O P Y R I G H T

腳丫文化
■ K036

鄭雅勻居家開運花草布置

國家圖書館出版品預行編目資料

鄭雅勻居家開運花草布置 / 鄭雅勻著.
第一版. -- 臺北市 ： 腳丫文化, 2008. 12
面 ； 公分
ISBN 978-986-7637-43-7(平裝)
1. 改運法 2. 家庭佈置
295.7 　　　　　　　　　　　97024047

著 作 人：鄭雅勻
花藝設計：陳垂訓
社　　長：吳榮斌
企劃編輯：黃佳燕
美術設計：游萬國
出 版 者：腳丫文化出版事業有限公司

總社‧編輯部
地　　址：104 台北市建國北路二段66號11樓之一
電　　話：（02）2517-6688
傳　　真：（02）2515-3368
E - m a i l：cosmax.pub@msa.hinet.net

業 務 部
地　　址：241 台北縣三重市光復路一段61巷27號11樓A
電　　話：（02）2278-3158‧2278-2563
　　　　：（02）2278-3168
E - m a i l：cosmax27@ms76.hinet.net
郵撥帳號：19768287腳丫文化出版事業有限公司

國內總經銷：千富圖書有限公司（千淞‧建中）
　　　　　　（02）8521-5886
新加坡總代理：Novum Organum Publishing House Pte Ltd.　TEL:65-6462-6141
馬來西亞總代理：Novum Organum Publishing House(M) Sdn. Bhd.　TEL:603-9179-6333
印 刷 所：通南彩色印刷有限公司
法律顧問：鄭玉燦律師（02）2915-5229
定　　價：新台幣 280 元
發 行 日：2009年 1月 第一版 第 1 刷
　　　　　　　　1月　　　　第 2 刷